MARCO POLO

OSTFRIESLAND
NORDSEEKÜSTE NIEDERSACHSEN
HELGOLAND

Reisen mit Insider Tipps

> Anfangs ist es das Meer, das die meisten Binnenländer an die südliche Nordsee zwischen Emden und Cuxhaven lockt. Wenn sie wieder abreisen, haben sie viel mehr gefunden: eine einzigartige Natur- und Kulturlandschaft mit unendlich vielen Möglichkeiten der Freizeitgestaltung.
> *MARCO POLO Autor*
> *Klaus Bötig*
> (siehe S. 127)

Spezielle News, Lesermeinungen und Angebote zu Ostfriesland:
www.marcopolo.de/ostfriesland

OSTFRIESLAND

> SYMBOLE

 MARCO POLO INSIDER-TIPPS
Von unserem Autor für Sie entdeckt

 MARCO POLO HIGHLIGHTS
Alles, was Sie in Ostfriesland kennen sollten

☀ **SCHÖNE AUSSICHT**

📶 **WLAN-HOTSPOT**

▶▶ **HIER TRIFFT SICH DIE SZENE**

> PREISKATEGORIEN

HOTELS
€€€ über 100 Euro
€€ 70–100 Euro
€ unter 70 Euro
Die Preise gelten für die Hauptsaison für ein Doppelzimmer mit Frühstück

RESTAURANTS
€€€ über 15 Euro
€€ 10–15 Euro
€ unter 10 Euro
Die Preise beziehen sich auf ein Hauptgericht ohne Getränke

> KARTEN

[114 A1] Seitenzahlen und Koordinaten für den Reiseatlas Ostfriesland

Zu Ihrer Orientierung sind auch die Orte mit Koordinaten versehen, die nicht im Reiseatlas eingetragen sind

Karten zu Bremerhaven, Cuxhaven, Emden und Wilhelmshaven finden Sie im hinteren Umschlag

---

■ **DIE BESTEN MARCO POLO INSIDER-TIPPS** .... **UMSCHLAG**
■ **DIE BESTEN MARCO POLO HIGHLIGHTS** 4

■ **AUFTAKT** 6

■ **SZENE** 12

■ **STICHWORTE** 16
■ **EVENTS, FESTE & MEHR** 22
■ **ESSEN & TRINKEN** 24
■ **EINKAUFEN** 28

■ **OSTFRIESLAND** 30
■ **FRIESLAND, JADEBUSEN, BUTJADINGEN** 60
■ **ZWISCHEN WESER UND ELBE** 76
■ **HELGOLAND** 88

INHALT

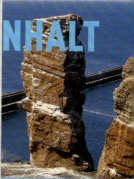

> SZENE

S. 12–15: Trends, Entdeckungen, Hotspots! Was wann wo in Ostfriesland los ist, verrät der MARCO POLO Szeneautor vor Ort

> 24 STUNDEN

S. 98/99: Action pur und einmalige Erlebnisse in 24 Stunden! MARCO POLO hat für Sie einen außergewöhnlichen Tag in Emden und Umgebung zusammengestellt

> LOW BUDGET

Viel erleben für wenig Geld! Wo Sie zu kleinen Preisen etwas Besonderes genießen und tolle Schnäppchen machen können:

Busfahren im gesamten Landkreis Aurich für nur einen Euro S. 51 | Mit dem Jungen Küstenheft kräftig sparen S. 70 | Mittags besonders günstig in den Zoo am Meer in Bremerhaven S. 86 | Sparen im Privatzimmer auf Helgoland S. 92

> GUT ZU WISSEN

Was war wann? S. 10 | Helgoländer Hummer S. 18 | Ostfriesische Spezialitäten S. 26 | Ostfriesische Teestunde S. 46 | Blogs & Podcasts S. 58 | Ostfriesisches Boule S. 69 | Bücher & Filme S. 75 | Das Autoterminal S. 83

AUF DEM TITEL
Im Kanu auf großer Abenteuertour S. 15
Greetsiel: Tipp für Gourmets S. 52

■ **AUSFLÜGE & TOUREN** **94**
■ **24 STUNDEN IN EMDEN UND UMGEBUNG** **98**
■ **SPORT & AKTIVITÄTEN** **100**
■ **MIT KINDERN REISEN** **104**

■ **PRAKTISCHE HINWEISE** **108**

■ **REISEATLAS OSTFRIESLAND** **112**
■ **KARTENLEGENDE REISEATLAS** **122**

■ **REGISTER** **124**
■ **IMPRESSUM** **125**
■ **UNSER INSIDER** **127**

■ **BLOSS NICHT!** **128**

2 | 3

ENTDECKEN SIE OSTFRIESLAND!

Unsere Top 15 führen Sie an die traumhaftesten Orte und zu den spannendsten Sehenswürdigkeiten

Die Highlights sind in der Karte auf dem hinteren Umschlag eingetragen

 Kutterrennen Neuharlingersiel
Maritime Farbenpracht entfaltet sich auf dem Wattenmeer, wenn die bunt beflaggten Kutter zum Wettrennen antreten (Seite 23)

 Moormuseum
In Moordorf erhalten Sie einen eindrucksvollen Einblick in vortouristische Zeiten (Seite 34)

 Spiekeroog
Ostfrieslands ursprünglichste Insel (Seite 39)

 Kunsthalle
Der Stern des Nordens für alle Freunde moderner Malerei in Emden (Seite 44)

 Museumsschiffe
Segelschiff, Seenotrettungskreuzer und Feuerschiff: Das ausgemusterte Trio kann im Ratsdelft in Emden besichtigt werden (Seite 44)

 Ostfriesisches Landesmuseum
Jetzt werden in Emden Ostfrieslands Geschichte und Geografie ganz modern präsentiert (Seite 44)

 Greetsiel
Vielen gilt Greetsiel als schönster Kutterhafen ganz Ostfrieslands (Seite 52)

 Ostfriesisches Teemuseum mit Museum für Volkskunde
Das europaweit größte Museum der Teekultur (Seite 55)

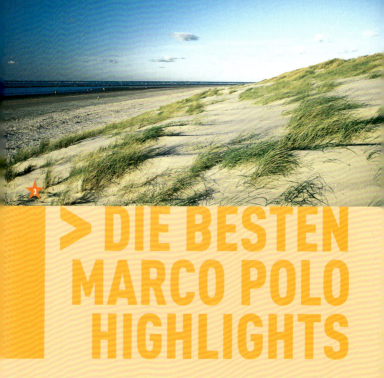

> DIE BESTEN MARCO POLO HIGHLIGHTS

 ffn-Nordseelagune
Der Familienspaß am Salzwasserbadesee: Rasen und Sand, Watt und Südseelagune vorm Deich von Butjadingen (Seite 64)

 Deutsches Auswandererhaus
Spannendes Erlebnis und geschichtliches Wissen verbinden sich zum Museumsabenteuer: In Bremerhaven können Sie selbst eine Auswandererreise miterleben (Seite 78)

 Deutsches Schifffahrtsmuseum
Alles dreht sich im Bremerhavener Museum um „Maritimes". Die Reise geht vom Mittelalter bis in die Gegenwart, von der 1380 gesunkenen Kogge bis zum Hochsee-Bergungsschlepper (Seite 78)

 Museums-U-Boot Wilhelm Bauer
Beim Gang durchs U-Boot aus dem Zweiten Weltkrieg in Bremerhaven: Kriegsgrauen pur, selbst in Friedenszeiten (Seite 80)

 Zoo am Meer
Den modernsten Zoo zwischen Weser und Ems finden Sie in Bremerhaven (Seite 80)

 Insel Neuwerk
Der Weg dorthin – als Wattwanderung oder bei einer Kutschfahrt – ist ein großes Erlebnis (Seite 86)

 Lange Anna
Helgolands Wahrzeichen: eine Felssäule aus rotem Sandstein im Meer (Seite 91)

Strandkörbe bei Cuxhaven-Duhnen

AUFTAKT

> Die Nordseeküste ist ganz auf Urlaub eingestellt: Deichspaziergänge und Wattwanderungen, Fahrrad- und Bootstouren. Interessante Museen erläutern alle Aspekte des Lebens am Meer, präsentieren Kunst von Weltrang und widmen sich der gefährdeten Natur. Segelschiffe und Krabbenkutter locken ebenso an Bord wie U-Boote und die Ausflugsschiffe nach Helgoland. Ostfriesentee und frischer Granat verwöhnen den Gaumen, in der jodhaltigen Luft und in schicken Wellnesszentren erholt sich der Körper. Kinder wollen gar nicht mehr weg: Sandstrände und Schlickboden im Watt sind für sie der schönste Spielplatz.

> Anfangs ist es das Meer, das die meisten Binnenländer an die südliche Nordsee zwischen Emden und Cuxhaven lockt. Wenn sie wieder abreisen, haben sie viel mehr als Meer gefunden: eine einzigartige Natur- und Kulturlandschaft mit mittelalterlicher und moderner Kunst und eine Urlaubsregion mit unendlich vielen Möglichkeiten der Freizeitgestaltung.

Die Nordsee ist anders als das Mittelmeer, die Karibik und die Ostsee: Sie dreht sich dank Ebbe und Flut ständig in Kreisen. Ebbe und Flut sorgen dafür, dass der Meeresboden vor der deutschen Nordseeküste zweimal täglich für einige Stunden trockenfällt. Diesen von den Gezeiten beeinflussten Bereich nennt man das Wattenmeer. Es ist heute als Nationalpark weitgehend unter Schutz gestellt, denn es bietet Tausenden von Tieren und vielen Pflanzen eine weltweit einzigartige Lebenswelt. Urlauber können sie entdecken: in den vielen Nationalparkhäusern entlang der Küste, auf geführten Wattwanderungen, die manchmal bis auf die vorgelagerten Inseln hinüberführen, aber auch schon bei Spaziergängen entlang der Strände.

Die sind ganz unterschiedlich. Mit kilometerlangen, von Dünenketten gesäumten Sandstränden können nur die sieben bewohnten Ostfriesischen Inseln aufwarten. Entlang dem Festlandsufer finden Sie dagegen lange Sandstrände nur an wenigen, dem of-

> *Das Watt ist eine weltweit einzigartige Lebenswelt*

fenen Meer zugewandten Stellen: nördlich von Wilhelmshaven, an der Westküste Butjadingens und vor allem im Bereich von Cuxhaven. Ansonsten können Sie auf Ihrem Handtuch oder in Strandkörben zumeist an künstlich aufgeschütteten Sandstreifen oder auf der grünen Wiesen die Sonne anbeten.

Wie ein Gruß aus fernen Zeiten: ein reetgedecktes Friesenhaus

AUFTAKT

Zum Meer gehören Fischerei und Schifffahrt. Sie haben jahrhundertelang neben der Viehwirtschaft den Charakter der Region geprägt. Als es noch keine Eisenbahnen und Straßen gab, spielte sich der überwiegende Teil des Fernhandels an den Küsten und auf Flüssen, seit dem 17. Jh. dann auch auf künstlichen Kanälen ab. Heute fast bedeutungslose Hafenorte wie Greetsiel, Carolinensiel, Hooksiel und Fedderwardersiel waren Handelshäfen von überregionaler Bedeutung, in denen Segelschiffe gebaut und bereedert wurden, die auf allen Weltmeeren fuhren. Dort haben sich alte Pack- und Kapitänshäuser erhalten. In manchen können Urlauber wohnen oder speisen, andere sind in interessante Schifffahrtsmuseen verwandelt worden. Heute liegen in diesen kleinen Häfen entweder Museumsschiffe und Oldtimer wie in Carolinensiel oder Flotten von Krabbenkuttern, die häufig auch Gäste mit auf ihre Fangfahrten nehmen.

Die niedersächsische Nordseeküste besteht freilich nicht nur aus kleinen, romantischen Hafen- und modernen Badeorten. Für die Menschen der Region sind ihre großen Hafenstädte ebenso wichtig. Erdöl wird in Wilhelmshaven angelandet, Autos werden via Emden und Bremerhaven im- und exportiert. Bremerhaven und Cuxhaven sind nicht nur als Anlandehäfen für Seefische, sondern auch als Sitz zahlloser Fisch verarbeitender Betriebe von Bedeutung. Bremerhavens Containerhafen ist schließlich nach Hamburg die Nummer zwei in Deutschland. Die Teil-

> *Museumsschiffe und Krabbenkutter in den kleinen Häfen*

nahme an kommentierten Hafenrundfahrten ermöglicht auch ausgesprochenen Landratten einen Einblick in diese maritime Erlebniswelt.

Wer sich Wind und Wellen aktiv anvertrauen will, findet auch dazu in dieser Region eine ganze Reihe von Möglichkeiten: Segelschulen bringen Ihnen im Urlaub die Grundlagen dieser Sportart bei; Segeljachten können sie mit und ohne Skipper mieten; Windsurfer und Wasserskiläufer sind in Hooksiel gut aufgehoben. Fischkutter laufen von vielen Küstenorten zu bis zu achtstündigen Fangreisen aus, bei denen die Fahrgäste die Angeln auswerfen und die gefangenen Dorsche oder Makrelen behalten können.

Die drei Halbinseln, die zwischen Dollart, Jadebusen, Weser und Elbe

WAS WAR WANN?

Geschichtstabelle

um 700 n. Chr. Das Land zwischen Weser und Ems wird von Friesen bevölkert; zwischen Weser und Elbe siedeln Sachsen

793 Der Friesenmissionar Liudger erbaut in Leer die erste christliche Kirche des heutigen Ostfrieslands

1088 Erste urkundliche Erwähnung eines Grafen von Oldenburg, das bis ins 19. Jh. immer im Gegensatz zu Ostfriesland steht

um 1100 Die friesischen Landgemeinden lösen sich von der Vorherrschaft binnenländischer Grafen und schaffen die „Friesische Freiheit". Alljährlicher Treffpunkt der Gemeindevertreter wird der Upstalsboom bei Aurich

um 1350 Einzelne Geschlechter reißen in den bis dahin freien Landgemeinden die Macht an sich und werden als Häuptlinge quasi zu adligen Herren

um 1650 Beginn der Erschließung der Moore im Landesinneren (Fehnkulturen), Gründung vieler Moordörfer

1744 Ostfriesland wird preußisch

1815–1866 Ostfriesland ist hannoveranisch, wird dann aber wieder preußisch

1871 Das preußische Ostfriesland und das noch unabhängige Großherzogtum Oldenburg werden Teil des Deutschen Reiches

1946 Gründung des Landes Niedersachsen

1986 Gründung des Nationalparks Niedersächsisches Wattenmeer

2007 Allein im Sommerhalbjahr werden in der Region 4,2 Mio. Übernachtungen gezählt

liegen, sind aber nicht nur entlang der Küste eine attraktive Ferienlandschaft. Erst Ausflugsfahrten ins Hinterland vermitteln ihren ganzen Reiz. Landschaftlich ist da viel zu entdecken, Moorseen zum Beispiel, die die Friesen Meere nennen (weil das Meer bei ihnen ja See heißt, siehe Nordsee). Einige sind für den Wassersport freigegeben, andere sind Naturschutzgebiete, die Sie auf Plankenwegen umwandern können.

Dass die Küstenregion auch ein geschichtsträchtiges Land ist, zeigen die mittelalterlichen Kirchen in vielen Dörfern, von denen manche ihrer Größe wegen sogar als Bauerndome bezeichnet werden. Sie sind aus Backstein oder Granitquadern gebaut und bergen häufig kostbare Schnitzaltäre. In Esens zeugt eine alte Synagoge, an mehreren anderen Orten erzählen Friedhöfe von den ehemaligen jüdischen Mitbürgern der Friesen. Alte Grabplatten auf den Kirchhöfen sind mit schönen Reliefs von Segelschiffen geschmückt, Grabsteine geben Aufschluss über die Vielfalt ostfriesischer Vornamen, die im übrigen Deutschland völlig unbekannt sind. Viele Windmühlen aus den letzten 250 Jahren dienen heute als Museum, Café oder Ferienunterkunft.

Zum Erstaunen vieler Besucher gibt es hier im Norden sogar Wasserburgen und stattliche Schlösser, von denen das in Jever das prächtigste ist. Die Burgen sind größtenteils Relikte aus den vielen Jahrhunderten, in denen die Mächtigen immer wieder ihr Volk in den Krieg schickten, um für

AUFTAKT

sie Land zu erobern. Zunächst waren die Friesen, die seit etwa 700 entlang der gesamten Küste siedelten, ein Volk von freien Bauern, die sich zu einem gemeinsamen Bund, dem Upstalsboom, zusammenschlossen. Im Lauf der Zeit aber bildeten sich auch hier in vielen Siedlungsgebieten Häuptlingsdynastien heraus, die später zu gräflichen oder fürstlichen Geschlechtern erhoben wurden.

Marcellusflut 1362 kostete über 10000 Menschen das Leben; viele Dörfer versanken damals in den Fluten. Ganze Landstriche wurden wie Butjadingen zeitweise zu Inseln. Alte Buchten verschwanden, neue wie der Jadebusen entstanden. Die Menschen hielten dagegen, bauten höhere Deiche und versuchten durch Eindeichungen, altes Land zurückzugewinnen und neues zu schaffen. Sie nahmen dafür sogar in Kauf, dass Hafenstädte wie Norden, Wittmund oder Jever plötzlich im Binnenland lagen und ihre alte Funktion verloren. Mehrere Museen in der Region informieren über all diese Vorgänge und über die heutigen Deiche, die diese so reiche und interessante Küste nun endlich sicher schützen können.

27 Kutter machen Greetsiel zu Ostfrieslands Krabbenkapitale

> **Deiche schützen die Küstenorte und schaffen neues Land**

Eine Bedrohung für alle Küstenbewohner blieb die Nordsee. Immer wieder schlugen Sturmfluten tiefe Breschen ins Land. Allein die zweite

▶▶ WAS IST ANGESAGT?

Trends, Entdeckungen und Hotspots. Unser Szene-Scout zeigt ihnen, was in Ostfriesland los ist.

Ingo Walter

ist in der Gastroszene zu Hause. Klar, dass er sich in den Clubs und Bars Ostfrieslands bestens auskennt! Wenn er nicht gerade nach neuen Trends forscht, wartet schon die nächste ostfriesische Leidenschaft. Sobald es das Wetter erlaubt, rast er mit dem Wakeboard über die Wellen, danach tauscht er sich an den Hightech-Wassersportanlagen mit anderen Szenegängern über die neuesten Trends aus.

▶▶ PARTYRAUSCH

Je größer der Club, desto cooler

Wo im Rest Deutschlands die kleinen Clubs momentan angesagt sind, zeigt der Norden Größe. Nachtschwärmer zieht es in die Großraumdiskos, in denen DJs mächtig einheizen und die Nacht zum Tag gemacht wird. Von Black bis House – Ostfriesland rockt! Stylish and trendy ist das Motto im *Extra-Musikpark*. Resident DJs ziehen mit dem Mix aus House, Techno, Black und Hardstyle jeden auf die Tanzfläche *(Elbestraße 15, Friesoythe, www.extra-musicpark.de)*. Das *Twister* in Sande bietet neben der großen Mainhall auch eine Chill-out-Lounge, die über der Tanzfläche thront, und eine stylishe Bar in Holz und Pink *(Weserstraße 20, Sande, www.twister-dance.de)*. Sieben unterschiedliche Areas gibt's in *Janssen's Tanzpalast (Jacobistraße 21, Cuxhaven-Lüdingworth, www.jtp-disco.de, Foto)*.

ISZENE

▶▶ FUNSPORT

Mit Skiern über die Wellen

Das Wasser ist Actionhotspot Nummer eins. Aus dem großen Angebot kristallisiert sich gerade ein echter Oldie als Trend heraus: Wasserskifahren! Laien versuchen, stehen zu bleiben, Profis erklimmen die besten Schanzen und üben sich in spektakulären Sprüngen. Am liebsten lassen sich die Locals aber von den neuen Skiliften übers Wasser ziehen wie im *Club Nethen*. Hier rasen die Funsport-Fans an einem Schlepplift über den See. Etwas Übung braucht es allerdings schon, bis man mit coolen Sprüngen punkten kann *(Bekhauser Esch 170, Rastede, www.beachclub-nethen.de, Foto)*. Lust auf Speed? Den Wunsch nach individueller Geschwindigkeit bis 60 km/h bietet die 844 m lange Wasserskianlage in Idafehn *(Idafehn Nord 77b, Ostrhauderfehn, www.wasserski-idafehn.de)*.

▶▶ DIGI-ART

Kunst am Rechner

Die einheimischen Kreativen haben die neuen Medien für sich entdeckt und experimentieren mit PC und Kunst. Das Ergebnis: Traumwelten und technische Meisterwerke. Allen voran das *TraumLaboratorium*, ein Zusammenschluss surrealistischer Künstler, die Fotografien am Computer so verfremden, dass eine völlig neue Aussage entsteht *(www.traumlaboratorium.de)*. Besonders tricky: *Digi-Art*. Die Mitarbeiter der Agentur für neue visuelle Medien verwandeln 2D-Bilder in fast greifbare 3D-Produktionen *(Traubenstraße 41, Apen, www.digi-art.de)*. Alles zum Thema 3D findet man im *Holarium*. Hier bekommt man zum Beispiel auch erklärt, wie man mit einfachen Mitteln seine eigenen 3D-animierten Bilder am PC erstellen kann *(Kirchplatz, Esens, www.holarium.de, Foto)*.

▶▶ UNIQUE WEDDINGS

Leuchtturm und Burg als Hochzeitslocations
Ostfriesische Brautpaare lieben es außergewöhnlich. Die neuen Locations machen den Tag der Tage unvergesslich. Wo es früher nur Mehlstaub gab, wird heute mit Reis geworfen: In der 1803 erbauten Windmühle in Remels geben sich nun Brautpaare das Ja-Wort (*Standesamt Uplengen, Alter Postweg 113, www.uplengen.de*). Der Traum von einer prunkvollen Schlossheirat beginnt auf der *Manninga-Burg* in Pewsum. Im antiken Trauzimmer wird das Bündnis wahrhaft königlich (*www.manninga-burg.de*).

▶▶ WASSERWELLNESS & CO.

Zurücklehnen und Wohlfühlen
Außergewöhnliche Angebote locken die Wellnessfans in den hohen Norden. Luxus, Natur und Spaß heißt die Devise! Nach den Treatments entspannen Wellnessfans im *Hotel Fährhaus* im Rooftop-Pool (*Hafenstraße 1, Nordseebad Norddeich, www.hotel-faehrhaus.de*). Im Spa Rosarium des *Hotel Waldschlößchen Mühlenteich* wird auf die heilenden Kräfte der Natur gesetzt (*Varel, in der Nähe des Jadebusens/Nordsee, www.hotel-wmt.de*). „Water 4 you" heißt es im *Vitalis Greetsiel*. Dort holt man sich die Schönheit aus dem feuchten Element. Meerestiefenwasser und Überwasserbettmassagen geben den Powerkick (*Hafenstraße 2, Greetsiel, www.vitalis-greetsiel.de*).

▶▶ ERLEBNISBRAUEREIEN

Sehen, was man trinkt
Immer mehr Brauereien eröffnen in der Küstenregion und entdecken dabei das Konzept der Transparenz für sich. Der *Werdumer Hof* hat direkt neben den kupfernen Braukesseln einen Gastraum eingerichtet. Neugierigen erklärt der Braumeister die Geheimnisse der Bierherstellung (*Edenserlooger Straße 4, Werdum, www.werdumer-hof.de*). Das *Diekster Bräu* befindet sich im Erlebnisbad *Ocean Wave*. Führungen zur Entstehung des Bieres sind selbstverständlich (*Dörper Weg 22, Norddeich, www.ocean-wave.de*, Foto). Seminare rund ums kühle Blonde bietet *Ostfriesenbräu* an (*Voerstad 8, Bagband, www.ostfriesenbraeu.de*).

SZENE

▶▶ RAN AN DIE PADDEL

Mit dem Kanu auf Entdeckungstour

Die Ostfriesen machen sich nass: Über 1000 km Wasserstraße wollen erforscht werden und das geht am besten im Boot. Wer kein eigenes hat, der sucht sich einen Kanuverleih – Touren und Tipps inklusive. Für Abenteurer gibt's von *Kanu Tours* anspruchsvolle Routen mit Übernachtung und Selbstverpflegung. Vom Zelt bis zur Pfanne – hier heißt es: do it yourself *(Neulandsweg 4, Ihlow-Ostersander, www.kanutours-ostfriesland.de)*! Für alle, die schon genau wissen, wo es lang geht, liefert der *Emdener Kanuverleih* die Boote exakt an die Stelle, an der es zu Wasser geht *(Franz-Liszt-Straße 13, Emden, www.kanuverleih-emden.de)*. Also Schwimmweste an und losstarten – das Gute an den ostfriesischen Wasserstraßen ist, dass sie für Schwimmer nahezu ungefährlich sind.

▶▶ FEEL THE RHYTHM

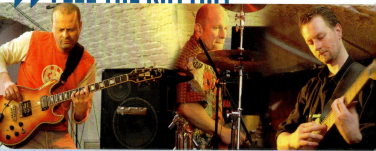

Jazz in allen Variationen

Schifferklavier und Hafenkneipen werden von Trompeten, Saxophon und relaxten Drums abgelöst. Jazz ist der Renner an der Nordsee. Lokale Bands wie die *Jazz Pistols* feiern große Erfolge und bringen Jazz-Funk, Free-Jazz und Co. unter das Volk *(www.jazz-pistols.de, Foto)*. Eine ihrer beliebtesten Bühnen ist in der *Alten Post (Cirksenastraße 2a, Emden, www.altepost-emden.de)*. Als extrem aktiv in der Szene zeigt sich auch der *Jazzclub Wilhelmshaven / Friesland e.V. (Marktstraße 21, Wilhelmshaven)*. Der Verein organisiert jeden dritten Sonntag im Monat Konzerte im *Restaurant Orange* am *Kulturzentrum Pumpwerk (Banter Deich 1a, Wilhelmshaven, www.pumpwerk.de)*. Das *Bremerhavener Jazzfestival* ist für Fans ein Muss, denn hier sind alle Richtungen vertreten. Besonders schön: die Bands ziehen spielend durch die City – New-Orleans-Feeling *(www.hotjazz-bremerhaven.de)*! Wer auf der Suche nach ausgefallenen Jazzalben ist, sollte unbedingt bei *Der Plattenladen* vorbeischauen *(Bürgermeister-Smidt-Straße 113, Bremerhaven)*.

> VOM BERNSTEIN BIS ZUM WATTENMEER

Was sind Salzwiesen? Wie lange taucht ein Seehund?
Antworten auf die Geheimnisse Ostfrieslands

BERNSTEIN

Das „Gold des Meeres" kann man mit viel Glück auch an Nordseestränden finden. Meist bekommt man es aber nur in Schmuckgeschäften an der Küste zu sehen. Bernstein ist das etwa 40 Mio. Jahre alte, versteinerte Harz von Nadelbäumen. Manchmal sind Insekten- oder Pflanzenreste im Stein eingeschlossen. Der Bernstein lagert im Boden der Marschen und im Meeresboden, von wo er ausgewaschen und an den Strand gespült wird. Größten Erfolg verspricht die Bernsteinsuche während und nach anhaltenden Ostwinden; besonders sollten Sie auf die dunklen Braunkohlengrusstreifen am Spülsaum achten.

DEICHE

„Gott schuf das Meer, der Friese das Land", sagt man im Norden Deutsch-

> *www.marcopolo.de/ostfriesland*

STICHWORTE

lands. Schon vor 1000 Jahren begann man an der Küste, Deiche zu bauen, bereits um 1300 war die gesamte Küste eingedeicht. Doch immer wieder brachen die Deiche, verheerende Überschwemmungen waren die Folge. Das Meer eroberte sich das Land, der Mensch holte es sich immer wieder zurück: In manchen Gebieten Ostfrieslands, so in der alten Harlebucht, sind mehr als zehn Deichlinien erkennbar.

EBBE UND FLUT

Die Gezeiten, von den Küstenbewohnern Tiden genannt, bestimmen den Lebensrhythmus an der Nordseeküste. Innerhalb von 24 Stunden und 50 Minuten ist je zweimal Hoch- und Niedrigwasser, zweimal am Tag läuft das Wasser ab (Ebbe) und wieder auf (Flut). Das ist an den Küsten aller Meere so, im Ärmelkanal und an der Nordsee aber besonders ausgeprägt.

FEHNSIEDLUNGEN

So bezeichnet man in Ostfriesland die in den Jahrhunderten der Moorkolonisation gegründeten Moorhufendörfer. Sie entstanden seit dem 17. Jh. entlang künstlich angelegter Kanäle, die das Moor entwässerten und oft die einzige Verbindung zur Außenwelt darstellten. Zu beiden Seiten des Kanals wurden Häuser gebaut. Dahinter konnten die Siedler einen Streifen Moor urbar machen und bewirtschaften, die so genannte Hufe. Die meisten Fehnsiedlungen findet man entlang der touristischen Straße „Deutsche Fehnroute".

GEEST UND MARSCH

Weite Teile der Landschaft zwischen Ems und Elbe werden von einem Geestrücken eingenommen, der durchschnittlich 5–8 m über dem Meeresspiegel liegt. Die Geest wurde durch die Gletscher der Eiszeit aufgeschüttet und besteht überwiegend aus Sand-, Kies- und Tonböden. Die oldenburgisch-ostfriesische Geest weist kaum noch Höhenunterschiede auf, während sich durch das Land zwischen Weser und Elbe der deutlich erkennbare, 100 km lange und bis zu 32 m hohe Geestrücken Hohe Lieth zieht. Bis Anfang des 20. Jhs. war die Geest durch Hochmoore geprägt, die jetzt alle abgetorft sind; Äcker, Wälder und Weiden bestimmen heute das Landschaftsbild.

Meerseitig werden die Geestflächen von einem in Ostfriesland bis zu 17 km breiten Marschensaum begrenzt. Die Marsch entstand erst in den letzten 7000 Jahren. Die Nordsee brachte die Moorpflanzen am Geestrand zum Absterben und lagerte darüber Kleie und Sand ab. Salzwasserverträgliche Pflanzen siedelten sich darauf an; neues Land entstand. Kennzeichen der Marsch ist ihre flache, brettartige Gestalt.

GRODEN, HELLER UND POLDER

Die drei Bezeichnungen findet man häufig als Teil topografischer Namen

> HELGOLÄNDER HUMMER
Eine Delikatesse soll zurückkehren

Der wegen seines unvergleichlichen Geschmacks gerühmte Helgoländer Hummer kehrt langsam wieder in die Restaurants der Insel zurück. Noch vor 70 Jahren war er Massenware, gingen den Fischern vor Helgoland bis zu 87 000 Tiere pro Jahr in die Reusen. Jetzt sind es nur um die 300! Doch ihre Zahl steigt dank der Zuchterfolge der Biologischen Anstalt Helgoland. Zu erkennen sind Helgoländer Hummer im Restaurant ganz einfach daran, dass ihre Scheren mit Manilagarn statt mit Gummibändern zusammengebunden sind – und dass die Preise das Doppelte von Importhummern erreichen. *Infos, auch über Patenschaften:* www. helgoland-lobster.de

STICHWORTE

entlang der Küste des Wattenmeeres. Polder oder Innengroden heißt ein eingedeichtes Grünland, aus dessen Boden durch Niederschläge das vor der Eindeichung enthaltene Salz herausgespült wurde. Polderwiesen werden teilweise gemäht; sie sind gute Viehweiden. Als Heller oder Außengroden bezeichnet man hingegen das nicht eingedeichte Grünland an der Wattküste, das größtenteils aus Salzwiesen besteht.

NATIONALPARK WATTENMEER

Seit dem 1. Januar 1986 gilt für die Küste zwischen der Elbe- und der Emsmündung die Verordnung über den Nationalpark Niedersächsisches Wattenmeer. Er reicht von Cuxhaven bis zur Krummhörn und umfasst auch den Jadebusen und die Ostfriesischen Inseln. Ausgeklammert bleibt der Dollart. Sitz der Nationalparkverwaltung ist Wilhelmshaven. Im Nationalpark gelten zahlreiche Einschränkungen für den Fremdenverkehr, die Landwirtschaft und die Fischerei, die noch immer umstritten sind. Den einen gehen sie zu weit, den anderen nicht weit genug. Über das Verhalten im Nationalpark, seine Natur und ihre Gefährdung informieren zahlreiche Nationalparkhäuser entlang der Küste und auf den Inseln.

OSTFRIESENWITZE

Seit drei Jahrzehnten werden in ganz Deutschland Ostfriesenwitze erzählt, in denen die Küstenbewohner – gelinde gesagt – nicht gerade als Intelligenzbestien dargestellt werden. Die Ostfriesen können den Spieß aber auch umdrehen: Was macht ein Ostfriese mit Bayern bei Ebbe im Watt? Er verkauft ihnen Baugrundstücke!

Kein Ostfriesenwitz: Dat Otto Huus in Emden – ein „Blödelmuseum"

SALZWIESEN UND QUELLERWATT

Zwischen dem Deich und dem Watt liegen mit den Salzwiesen besonders schützenswerte Gebiete, die nur auf wenigen markierten Wegen betreten werden dürfen. Als Salzwiesen bezeichnet man die nur noch gelegentlich vom Meer überspülten Landflächen zwischen dem Seedeich und der meist 20–30 cm hohen Abbruchkante, an der das Watt beginnt. In diesem vordersten Bereich des Watts, dem Schlick- oder Quellerwatt, setzt der Verlandungsprozess ein. Hier leben mit dem Queller (im August und

September gelblich grün blühend) und dem Salzschlickgras (von Juni bis September gelblich weiß blühend) zwei Pflanzen, die mit ihren Wurzeln den Boden festigen und an denen sich feine Schwebstoffe absetzen. So wird der Boden erhöht und zugleich nährstoffreicher, sodass die Pflanzen schließlich anderen Arten Platz machen, deren Lebensraum die untere Salzwiese ist. Dazu gehören der Strandflieder, die Meerstranddistel und das grünlich violett blühende Andelgras. Auf der mittleren und oberen Salzwiese – noch seltener in Kontakt mit Meerwasser – ist wieder eine andere Pflanzengesellschaft zu finden, zu der die selten gewordene Strandnelke und das Löffelkraut gehören. All diese Pflanzen sind die Lebensgrundlage für etwa 2000 Tierarten, von denen viele von einer einzigen dieser Pflanzenarten abhängig sind. Zudem sind die Salzwiesen für viele Vögel der einzige Platz, an dem sie während der Überflutung des Watts Nahrung finden. Andere wiederum brüten hier: der Rotschenkel, die Küstenseeschwalbe, der Regenpfeifer, die Uferschnepfe.

SEEHUNDE

Von fast allen Küstenorten aus werden im Sommer Schiffsfahrten zu Seehundsbänken unternommen. Da liegen die Tiere, wenn das Watt trockenfällt, und sammeln neue Kräfte für die Jagd im zurückkehrenden Wasser. Ihre bevorzugte Nahrung sind Plattfische, sie begnügen sich aber auch mit Garnelen. Seehunde, die ja Meeressäuger sind, können bis zu 40 Minuten unter Wasser bleiben. Sie werden bis zu 100 kg schwer und 1,50 bis 1,80 m lang. Ihre Ranzzeit, die Paarungszeit also, beginnt Ende Juli und hält bis in den September hinein an. Nach zehn Monaten Tragezeit werden ab Mitte Juni die ersten Jungen geworfen – unglücklicherweise genau in der touristischen

Köpfchen in das Wasser, Schwänzchen in die Höh: Siesta bei Familie Seehund

STICHWORTE

Hochsaison, wenn Ausflugsdampfer und Sportboote die Seehunde am meisten stören. Kommen die Boote den Seehunden zu nahe, flüchten sie ins Wasser. Das Säugen wird unterbrochen, und die Jungtiere scheuern sich auf der Flucht den noch sehr empfindlichen Nabel wund. Eine Entzündung endet oft tödlich. Bei der Flucht versucht das Jungtier („Heuler") durch klagende Geräusche Kontakt zur Mutter zu halten.

SIELE UND SCHÖPFWERKE

Siele sind Entwässerungsschleusen. Ihre meerseitigen Tore schließen sich bei auflaufendem Wasser selbsttätig und öffnen sich ebenso automatisch durch den Wasserdruck bei ablaufendem Wasser. Weil die Siele allein aber die Entwässerung der Marsch nicht bewerkstelligen können, wurden im 20. Jh. zahlreiche elektrisch betriebene Schöpfwerke erbaut, die bis zu 50 m³ Wasser pro Sekunde aus dem Binnentief herauspumpen.

TIEF

Tief nennen die Friesen breite, teilweise sogar schiffbare Wasserläufe in der Marsch, durch die sie entwässert wird. Binnentiefs liegen landseitig vom Siel, Außentiefs meerseitig.

WARFEN UND WURTEN

Warfen, Warften oder Wurten sind friesische Wörter für Erdaufschüttungen in der Marsch, die so groß sind, dass auf ihnen Kirchen, Bauernhöfe und ganze Dörfer stehen können. Erste Wurten warfen die Menschen bereits in den Jahrhunderten nach der Zeitenwende auf; um 450 waren die meisten jedoch wegen des steigenden Meeresspiegels wieder verlassen. Eine erneute Besiedlung begann im frühen Mittelalter. Das schönste Wartendorf Ostfrieslands ist zweifelsohne Rysum in der Krummhörn.

WINDENERGIE

Zahlreiche Windräder an der Küste sorgen umweltfreundlich für Strom, stellen aber andererseits eine optische Umweltbelastung dar. Inzwischen sind auch zahlreiche Offshore-Windparks offiziell genehmigt, so z. B. 15 km nordwestlich der Insel Borkum und in der Wesermündung. Ihre bis zu 170 m hohen Windräder werden in bis zu 41 m Wassertiefe stehen. In einer ersten Ausbaustufe soll ihre Zahl bis 2015 schon fast 1200 betragen. Die Industrie träumt von über 5000 gigantischen Windrädern vor deutschen Küsten – für manchen ein Albtraum!

WINDMÜHLEN

Zwei Grundtypen sind zu unterscheiden: Bei der Bockwindmühle ist das ganze Mühlhaus drehbar, bei der Holländermühle nur die Kappe. Bei Erdholländern steht das Mühlenhaus direkt auf dem Boden, bei Galerieholländern auf einem Unterbau, der wie bei der Stiftsmühle in Aurich bis zu fünf Stockwerke hoch sein kann.

IN DEN HÄFEN WIRD GEFEIERT

Kutterregatten und Shantychöre, Matjestage und Folklorefestivals – Abwechslung ist alles

> Wer im Mai durch Friesland und Ostfriesland unterwegs ist, dem fallen in vielen Orten auf Dorfplätzen und in Gärten die bunt geschmückten Maibäume auf. In der Nacht zum 1. Mai müssen diese gut bewacht werden, denn einen Maibaum zu stehlen ist seit jeher guter friesischer Brauch.

Das ganze Jahr über sind an Privathäusern des Öfteren geschmückte Ehrenbogen und Girlanden aus Tannengrün und Papierblumen zu sehen. Nachbarn schmücken damit das Haus von neu Eingezogenen, von Jubilaren oder Geburtstagskindern – und werden dafür im Gegenzug reichlich bewirtet. Auf den Stufen friesischer Rathäuser sind manchmal festlich gekleidete junge Männer mit einem Besen in der Hand zu sehen. Das ist ein untrügliches Zeichen dafür, dass sie gerade ihren 30. Geburtstag feiern und noch unverheiratet sind. Jetzt müssen sie so lange fegen, bis eine junge Dame sie freiküsst. Dafür aber haben Freunde schon ebenso gesorgt wie für Musik und reichlich Getränke.

FESTE UND SONSTIGE EREIGNISSE

Mai
Nordseewoche Helgoland in der ersten Maihälfte: die größte Segelsportveranstaltung an der Nordsee. *www.nordseewoche.de*

Matjestage Emden am letzten Maiwochenende: viel frischer Matjes, ein Volksfest und über 100 Traditionsschiffe im Alten Binnenhafen und am Ratsdelft. *www.matjestage.de*

Juni
Tag der Shantychöre 3. Juni, Cuxhaven.

Juli
Wochenende an der Jade in Wilhelmshaven am ersten Wochenende: Kulturcocktail aus mehr als 400 Programmpunkten. Sieben Open-Air-Bühnen, Schiffsbesichtigungen, Großsegler und zum Abschluss am Sonntag ein Feuerwerk. *www.wochenendeanderjade.de*

★ *Schützenfest* in Esens vom zweiten Freitag im Juli bis zum darauf folgenden

Aktuelle Events weltwelt auf www.marcopolo.de/events

> EVENTS
FESTE & MEHR

Dienstag: Schausteller und Fahrgeschäfte, großes Festzelt. www.schuetzenfest-esens.de

Juli/August
Musikalischer Sommer drei Wochen Ende Juli/Anfang August: 30-mal klassische Musik an verschiedenen Veranstaltungsorten in Ostfriesland. Programm im Internet: www.ostfriesischelandschaft.de
Sand'Art-Festival in Tossens etwa sechs Wochen im Juli/August *(www.sandart-festival.de)*.
Fuchsienschau in Ihlowerfehn bei Aurich vom 1. Juli bis 31. Aug. in der Gärtnerei Kuhlmann: über 200 Fuchsiensorten auf 7500 m². www.gaertnerei-kuhlmann.de

August
Hafenfest Carolinensiel am ersten Wochenende mit Feuerwerk am Samstag.
Drachenfestival Cuxhaven Anfang August in Altenbruch: Über 1000 Teilnehmer lassen Drachen steigen und hören Rockmusik am Strand. www.drachenfest-cuxhaven.de

Stadtfest in Aurich: ein Freitag und Samstag Mitte August. Livemusik auf über zehn Bühnen.
Traditionelle Korsofahrt Greetsiel an einem Samstag Mitte August. Mehr Kutter sind nirgends an der Küste unterwegs.
★ *Kutterrennen Neuharlingersiel* in der zweiten Augusthälfte: Bunt geflaggte Kutter liefern sich Wettfahrten.
Fischkutterkorso Norddeich am vorletzten Samstag im August im Westhafen. Shantys, Marktstände und Kutterfahrten.

September
Folklorefestival Cuxhaven: Erster Septembersonntag, im Kurpark und im Fort Kugelbake: Musik aus Norddeutschland.

Oktober
Gallimarkt in Leer Mitte Oktober: größtes Volksfest Ostfrieslands.

November
Internationales Nordsee Blues Festival in der Emder City am ersten Fretag. www.blues-nacht.de

> PINKEL UND GRANAT

Lassen Sie sich bei den Spezialitäten der Küste nicht von ihren friesischen Namen abschrecken

> Der traditionelle Speisezettel zwischen Ems und Elbe war bis in die Mitte des 20. Jhs. (und ist es noch heute) stark von dem geprägt, was die Fischer aus dem Meer holten und was Marsch und Moor an landwirtschaftlichen Produkten lieferten. Die auf den Marschenwiesen weidenden Kühe schenkten den Küstenbewohnern Milch, Käse und Fleisch, Hühner und Schweine fand man auf fast jedem Bauernhof. Dem Moor war nicht viel abzuringen: Der Buchweizen, der gar keine Getreidesorte, sondern ein Knöterichgewächs ist, lieferte Mehl und Grütze. Kühlschränke gab es nicht. So zeichnete sich die traditionelle Küche vor allem durch die Verwendung von viel Hülsenfrüchten und getrockneten Bohnen, von Speck und Pökelfleisch aus.

Die Zubereitungsarten für Fisch sind vielfältig. Manchmal wird er mit einer Specksauce serviert – diese Variante nennt man Finkenwerder Art.

Bild: Restaurant „Die Mühle" in Wittmund

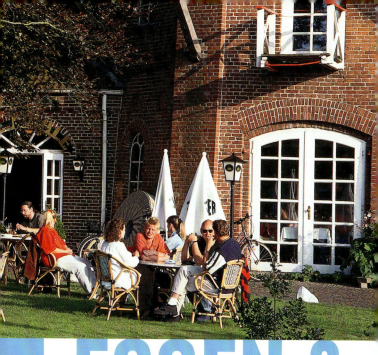

ESSEN & TRINKEN

Räucherfisch ist ein großer Genuss, vor allem, wenn Sie ihn frisch direkt in einer der vielen Räuchereien mit Imbissbetrieb verzehren. Eine typische Spezialität sind die kleinen *Garnelen,* die die Binnenländer als Krabben, die Friesen aber als *Granat* bezeichnen. Sie sind nicht billig, aber köstlich – besonders, wenn Sie sie frisch gekocht (erst dabei erhalten die braungrauen Krustentiere ihre blassrosa Farbe) und ungeschält direkt vom Krabbenkutter kaufen. *Miesmuscheln* stammen meistens aus Muschelbänken im niedersächsischen und holländischen Wattenmeer. Sie schmecken so gut und sind so begehrt, dass sie inzwischen auf der roten Liste der gefährdeten Tierarten als stark gefährdet eingestuft werden. Aus diesem Grund raten der WWF und die Verbraucherzentrale des Landes Bremen von ihrem Genuss ebenso ab wie vom Verzehr von

Rotbarsch, Schillerlocken, Haisteaks und Scholle.

Ohne ökologische Bedenken können Sie den Aal genießen, den es in vielen Seen und Küstengewässern gibt. Am bekanntesten ist der *Zwischenahner Räucheraal.* Ihn genießt man auf eine besondere Art: Man isst ihn aus der Hand und spült anschließend oder auch zwischendurch Hände und Kehle mit einem Schluck Schnaps. Eine andere Fischspezialität, die auch im übrigen Deutschland bekannt ist, ist der *Matjeshering.* Am besten schmeckt er zwischen Ende Mai und Ende Juli.

> SPEZIALITÄTEN

Genießen Sie die typisch ostfriesische Küche!

Bookweeten – Pfannkuchen aus Buchweizenmehl, bevorzugt angereichert mit durchwachsenem Speck und Eiern

Himmel und Erde – Kartoffelpüree mit gebratener Blutwurst, Zwiebelringen und Apfelscheiben

Knipp – grützwurstähnliches Gericht aus Hafergrütze und dem Fleisch von Schweinskopf und Schweinebauch

Kohl und Pinkel – Grünkohl, gekocht mit Schmalz, Zwiebeln, Hafergrütze, Kasslerfleisch, durchwachsenem Speck und verschiedenen Mettwürsten. Ein typisches Winteressen

Labskaus – Pökelfleisch oder Cornedbeef mit Kartoffelbrei, Matjeshering, Gewürzgurke, Roter Bete, Spiegelei (Foto)

Ostfriesentorte – Torte mit Biskuitboden. Hauptbestandteile: Schlagsahne und in Rum eingelegte Rosinen

Ostfriesische Kartoffelsuppe – Kartoffelsuppe mit durchwachsenem Speck und Granat

Pannstipp/Pantjestipp – ein Dip, ideal zu Pellkartoffeln. Durchwachsener Speck und Zwiebeln werden in einer Mehlschwitze angebräunt und dann mit viel frischer Milch abgelöscht.

Snirrtjebraa/Snierdjebraden – in große Stücke geschnittener Schweinenacken, mit Pfeffer und Piment eingerieben. Wird mit Zwiebeln angebraten und eine Stunde lang in Wasser geköchelt.

Speckendicken – Pfannkuchen aus Weizen- und Roggenmehl, zubereitet mit Eiern, Zuckerrübensirup, Schinkenspeck und Mettwurst und nach Geschmack gewürzt (am besten mit Anis und Kardamom). Ursprünglich ein Silvesteressen.

Steckrübeneintopf – Steckrüben, gekocht mit selbst gemachtem Kartoffelpüree und viel Lamm- oder Rindfleisch

Updrögt Bohnen – ein ostfriesisches Nationalgericht. Getrocknete Bohnen werden eingeweicht, in Stücke geschnitten und mit durchwachsenem Speck und Mettwürstchen gekocht.

ESSEN & TRINKEN

Ein preiswertes Zwischen- oder Hauptgericht ist der *Milchreis*, der oft mit Früchten oder Beeren serviert wird. Aus Beeren wird auch eine typische Nachspeise bereitet: die *rote Grütze*, die mit frischer Sahne oder Vanillesauce am besten schmeckt. Naschkatzen werden mit dem Tortenangebot sehr zufrieden sein. Neben der *Ostfriesentorte* ist auch die eigentlich auf den Ostfriesischen Inseln heimische *Sanddorntorte* eine Sünde wert. Lecker sind auch Jever *Echte Leidenschaften*: süße Brezeln aus Blätterteig.

In Cafés und Teestuben steht auf der Getränkekarte das ostfriesische Nationalgetränk meist obenan: der Tee. Bier wird in mehreren Städten der Region gebraut; am bekanntesten sind die herben Sorten in den grünen Flaschen aus Bremen und Jever.

Das raue Nordseeklima lieferte Küsten- und Inselbewohnern schon immer einen guten Grund, einem Gläschen Schnaps zuzusprechen. Neben dem klaren Weizenkorn bevorzugen die Ostfriesen vor allem Kümmel- und Anisschnäpse. Eine Besonderheit ist der *Friesengeist*, den man gern nach einem kräftigen Essen bestellt. Er wird brennend und mit einem Friesenspruch aus Kellnermund serviert. Viele Wirte vor allem im ostfriesischen Kernland setzen ihre eigene *Sienbohnsopp* an. Das ist keineswegs eine Bohnensuppe, sondern ein Rum oder Branntwein mit Rosinen und Kandiszucker. Mit der echten Bohnensuppe hat sie gemein, dass man sie nicht trinkt, sondern löffelt. Beliebt sind auch alkoholische Heißgetränke wie der *Pharisäer*, ein Kaffee mit Rum, oder ein *Eiergrog*: Rumgrog mit einem geschlagenen Eigelb. Danach können Sie garantiert gut schlafen.

Restaurants gibt es zwischen Ems und Elbe in großer Zahl. Das Preisni-

Zeit für eine Tasse Tee ist immer

veau sinkt in der Regel, je weiter man sich von der Küste entfernt. Die meisten Restaurants gönnen sich außerhalb der Sommerferien einen oder zwei Ruhetage pro Woche. Die Essenszeiten sind meist eng begrenzt: In der Regel setzt man sich zwischen 12 und 14 sowie zwischen 18 und 20 Uhr an den Restauranttisch.

KUNSTHANDWERK UND TEEKULTUR
Vom Blaudruck bis zum Buddelschiff ist alles zu haben

> Maritime Souvenirs sind an der Küste allgegenwärtig. In Städten und Dörfern haben sich viele Kunsthandwerker niedergelassen. Kulinarische Souvenirs können Sie teilweise direkt beim Bauern erwerben.

ANTIKES & TRÖDEL
14 Händler zwischen Jadebusen und Ems haben gemeinsam die *Antikroute Ostfriesland* entwickelt. Ihre Flyer sind bei den Tourist-Infos erhältlich. Erschöpfend Auskunft gibt auch ihre Website *www.antik-route.com*. Weitere Anbieter gibt es z. B. in Greetsiel und Hooksiel.

Insider Tipp

BERNSTEIN
Bernstein wird nicht nur an der Ostsee gefunden, sondern – allerdings weitaus seltener – auch an der Nordsee. Während und nach anhaltenden Ostwinden findet man das fossile „Gold des Meeres" vielleicht sogar selbst, im dunklen Braunkohlengrus-Streifen am Spülsaum der Brandung. Erfolg versprechender sind die Schmuckgeschäfte Norddeutschlands. Die größte Auswahl und beste fachliche Expertise verspricht ein Spezialgeschäft mit angeschlossenem Bernsteinmuseum in Esens. *www.bernsteinhuus.de*

BUDDELSCHIFFE
Buddelschiffe finden Sie in vielen Schaufenstern und in unterschiedlichsten Preislagen. Sie können sie auch in Buddelschiffmuseen – in Norddeich, Greetsiel oder Cuxhaven – erwerben. Da können Sie auch gleich lernen, wie die Schiffsmodelle in die Flasche gekommen sind.

KERAMIK
Die beste Adresse für hochwertige, künstlerische Keramik finden Sie in Jever. In der Rathausstraße in Leer liegen zwei kleine Töpfereien unmittelbar nebeneinander. Regionale Gebrauchskeramik wird in Marienhafe hergestellt *(www.toepferei-brookmerland.de)*.

> EINKAUFEN

KULINARIA

Wer gern Süßes mag, kann sich an Bonbons in Gestalt von Möweneiern oder an Muscheln aus Schokolade erfreuen. Auch aus Sanddorn wird viel Süßes bereitet: Bonbons und Marmeladen, Sirup und Likör. Wattwürmer schmecken dann lecker, wenn man sie beim Schlachter in Form geräucherter, dünner Mettwürste kauft. Allerlei vom Deichlamm und Käsesorten erstehen Sie – am besten am letzten Urlaubstag – direkt beim Bauern. Ungeschälter Granat und frisch geräucherter Fisch, kurz vor der Heimfahrt gekauft, erleichtern die Rückfahrt. Und ans friesische Bier erinnern die vielfältigen Artikel aus der Jever-Brauerei.

Flüssige Spezialitäten sind die zahllosen Schnäpse und Liköre, die unter phantasievollen Namen wie *Watt'n Geist* (Weizenkorn), *Moorfeuer* (Halbbitterlikör) oder *Nordsee-Geist* (Genever mit Kräutern und Früchten) angeboten werden. Besonders gut zum Ostfriesentee passt der ostfriesische Teelikör.

TEE & TEEZUBEHÖR

Wer einmal das Teetrinken in Ostfriesland zelebriert hat, wird auch zu Hause gern ab und zu die Teebeutel in ihrer Verpackung lassen und auf offene Teeblätter zurückgreifen. Für den wahren Teegenuss finden Sie in vielen Läden zwischen Elbe und Ems, was dazu nötig ist: die klassische ostfriesische Teemischung, die *Kluntjes* (also den Kandiszucker), den Sahnelöffel, das Stövchen zum Warmhalten und das feine, ostfriesische Teeservice aus hauchdünnem Porzellan. Ein besonderer Genuss ist der mit Vanille aromatisierte, traditionelle Sonntagstee. Er heißt so, weil er früher wegen seines höheren Preises eben nur an Sonn- und Feiertagen aufgebrüht wurde.

TEXTILES

Die originelle, fast schon vergessene Technik des Blaudrucks wurde in Jever wiederbelebt. Handgewebte Textilien vom Kleid bis zur Decke erhalten Sie in Dorum. Piratenflaggen für die Kleinen hält fast jedes Souvenirgeschäft parat.

> „MOIN, MOIN"
UNTER WEITEM HIMMEL
In Ostfriesland wird das Firmament zu einem Teil der Landschaft

> Mit „Moin, moin" grüßt man sich zwischen Emden und Wittmund auch noch am späten Abend, denn es hat nichts mit dem hochdeutschen „Morgen" zu tun. Es besagt einfach so viel wie „hallo", wenn das Wort selbst wohl ursprünglich auch „schön" bedeutete.

Es ist natürlich plattdeutsch, wobei „platt" wiederum das niederdeutsche Wort für „flach" ist. Und flach ist Ostfriesland wahrhaftig – der Blick schweift ungehindert zum Horizont.

Bild: Norder Tief bei Westermarsch

Dadurch wird auch der Himmel weiter, der mit seinem Wolkenspiel ein wesentlicher Bestandteil der ostfriesischen Landschaft ist.

Dass Ostfriesland sich nicht vom Dollart bis an den Jadebusen erstreckt, sondern sich die Halbinsel zwischen Ems- und Jademündung mit Friesland teilen muss, liegt vor allem an den Oldenburgern. Deren Grafen hatten schon früh versucht, ihren Besitz zu erweitern, und schu-

OST FRIESLAND

fen sich ein Reich, das bis an die Weser und vor die Tore Bremens reichte. Mitschuld trägt aber auch ein gewisses Fräulein Maria von Jever. Sie starb kinderlos und hatte ihren Neffen Johann von Oldenburg als Erben eingesetzt, da sie seinen ostfriesischen Widersacher Edzard nicht leiden konnte. Damit war die Teilung zementiert, und Ostfriesland blieb bis heute auf den preußischen Regierungsbezirk Aurich reduziert.

Zu Ostfriesland gehören auch die sieben Ostfriesischen Inseln, die in diesem Band nur als Ausflugsziele geschildert werden. Ausführlich informiert der MARCO POLO „Ostfriesische Inseln".

AURICH

[115 F4] Aurich (41 000 Ew.) ist eine weitgehend moderne Stadt. Wenig erinnert daran, dass die Grafen und Fürsten aus der

AURICH

Familie Cirksena von hier aus zwischen Mitte des 15. Jhs. und 1744 Ostfriesland regieren. Ihre Burg stand an der Stelle, an der König Georg V. von Hannover 1852 ein Schloss im Tudorstil erbauen ließ. Es wird heute von verschiedenen Behörden ge-

Dreimal die Woche hält Aurichs Marktplatz, was sein Name verspricht

nutzt. So ist Aurich für Urlauber vor allem als Einkaufszentrum attraktiv; für eine Besichtigung reichen zwei Stunden. Unterm Marktplatz liegt die Tiefgarage „Zentrum".

■ SEHENSWERTES
HISTORISCHES MUSEUM
Das modern aufgebaute Museum in einem Stadthaus, dessen Kern aus der Zeit um 1530 stammt, illustriert anschaulich die Stadtgeschichte von der Steinzeit bis heute. *Burgstr. 25 | Tel. 04941/183 11 | Di–So 11–17 Uhr | 2,50 Euro*

ST.-LAMBERTI-KIRCHE
Der Altar wurde um 1500 in einer Antwerpener Werkstatt geschnitzt und bemalt. Die klassizistische Kirche selbst wurde jedoch erst 1834/35 erbaut. *Lambertshof | Mai–Sept. Mo–Sa 11–12.30 und 15–16.30 Uhr*

STIFTSMÜHLE ✿
Die über 28 m hohe Kornwindmühle von 1858 ist die größte Ostfrieslands. Sie ist heute ein Museum, wo Entwicklung und Funktionsweise von Windmühlen ausführlich erklärt werden. Im alten Müllerhaus bietet eine gemütliche Teestube vorzüglichen ostfriesischen Tee an. *Oldesumer Str. 28 | Tel. 04941/189 89 | Di–Sa 11–17, So 15–17 Uhr (Führungen Di und Fr 15 Uhr) | 2,50 Euro*

■ ESSEN & TRINKEN
ZUR BÖRSE
Das Gasthaus auf dem alten Stadtwall mit seinem Biergarten wurde schon 1901 eröffnet. *Burgstr. 50 | Tel. 04941/616 20 | So bei Schlechtwetter geschl. | €*

MARKTHALLE ▶▶
Für weniger als 8 Euro können Sie in der gläsernen Auricher Markthalle satt werden. Sie stellen sich Ihr Essen an den Tresen verschiedener Anbieter selbst zusammen. Donnerstagabends häufig Livemusik. *Marktplatz | Mo–Fr 8–18.30 (Do bis 23), Sa 8–16 Uhr | €*

❯ **www.marcopolo.de/ostfriesland**

OSTFRIESLAND

■ EINKAUFEN

Haupteinkaufsstraße ist die *Burgstraße*, die auch den Marktplatz (Wochenmarkt Di, Fr und Sa) mit der gläsernen Markthalle streift. Konkurrenz macht ihr der *Carolinenhof*, ein modernes, überdachtes Shoppingcenter an der Ringstraße um die Innenstadt.

■ ÜBERNACHTEN

PIQUEURHOF 🔊

Klassizistischer Bau am Rand der Fußgängerzone dort, wo einst Aurichs erste Häuptlingsburg stand. Mit Hallenbad. *38 Zi., 2 Suiten | Burgstr. 1 | Tel. 04941/955 20 | Fax 95 52 68 | www.piqueurhof.de | €€€*

TWARDOKUS-ALTSTADTHOTEL

Historisches Hotel mit Dachterrasse und Fahrradverleih in der Fußgängerzone von Aurich. *25 Zi. | Kirchstr. 6 |* *Tel. 04941/990 90 | Fax 99 09 29 | www.twardokus.de | €€ – €€€*

■ AM ABEND

ZUR EWIGEN LAMPE ▶▶

Insider Tipp

Im Schankraum von Aurichs ältester Kneipe in einem über 400 Jahre alten Haus stehen nur drei Tische. Da kommt man wie von selbst in Kontakt mit den einheimischen Stammgästen. *Hafenstr. 1 | So-Abend geschl.*

RAHMANN ▶▶

Der größte Tanztempel Ostfrieslands mit vier Areas. *Aurich-Middels | Westerlooger Str. 12 | Tel. 04947/236 | wechselnde Öffnungstage | www.disco-rahmann.de*

■ SCHIFFSTOUREN

Paddel- und Tretboote am Hafen. Von Ostern bis Mitte Oktober Aus-

MARCO POLO HIGHLIGHTS

⭐ **Kunsthalle**
Meisterwerke des 20. Jhs., gesammelt von Henri Nannen in Emden (Seite 44)

⭐ **Ostfriesisches Teemuseum mit Museum für Volkskunde**
Allerlei Wissenswertes rund um das ostfriesische Nationalgetränk (Seite 55)

⭐ **Moormuseum Moordorf**
Ein einzigartiges Museum der Armut in Moordorf (Seite 34)

⭐ **Spiekeroog**
Auf der traditionsbewussten Nordseeinsel werden selbst Fahrräder nicht gern gesehen (Seite 39)

⭐ **Seehundaufzucht- und -forschungsstation im Nationalparkhaus**
Junge Seehunde in Norddeich – aus nächster Nähe (Seite 56)

⭐ **Ostfriesisches Landesmuseum**
In Emden: interessante Einblicke und ein phantastischer Ausblick vom Rathausturm (Seite 44)

⭐ **Greetsiel**
Ostfrieslands schönster Sielhafen liegt in der Krummhörn (Seite 52)

⭐ **Museumsschiffe**
Zeugen aus der maritimen Vergangenheit: ein Heringslogger, ein Feuerschiff und ein Rettungskreuzer in Emden (Seite 44)

AURICH

flugsfahrten mit der MS „Stadt Aurich" über den Ems-Jade-Kanal nach Wiesens, Ihlow oder Emden. *Termine beim Verkehrsverein*

AUSKUNFT
Norderstr. 32 | 26603 Aurich | Tel. 04941/44 64 | Fax 106 55 | www. aurich.de

ZIELE IN DER UMGEBUNG

EWIGES MEER [115 E3]
An Deutschlands größten Hochmoorsee führt vom Parkplatz bei Eversmeer ein uriger, als Naturlehrpfad gestalteter Holzbohlenweg. *15 km*

MOORMUSEUM MOORDORF ★ [115 E4]
In dem Ort (6000 Ew.) am Abelitz-Moordorf-Kanal macht das Moormuseum auf eindrucksvolle Weise deutlich, in welcher Armut die Kolonisatoren des Moores im 18., 19. und frühen 20. Jh. lebten. Ihre mit Stroh oder Reet gedeckten Lehmhütten und ein Kolonistenhaus wurden nachgebaut; ein Buchweizenfeld und ein Torfstich illustrieren ihre Lebensgrundlage. *Victorburer Moor 7a | Tel. 04942/27 34 | 21. März–Okt. tgl. 10–18 Uhr | www.moormuseum-moordorf.de | 3 Euro*

RAHER SCHLEUSE [115 E4] *Inside Tip*
Die Schleuse, auf Friesisch *Rahester Verlaat* genannt, ist eine von vieren im Verlauf des Ems-Jade-Kanals. Sie wird noch heute von Lastkähnen genutzt, die bis zu 33 m lang sein dürfen, soll aber modernisiert und erweitert werden. Direkt an der Schleuse liegt die Caféterrasse der *Schankwirtschaft Kukelorum (Boomweg 26 | Rahe | Tel. 04941/645 55 | Mo geschl. | €)*, von der aus man den Schleusenbetrieb gut beobachten kann. Sie bietet unter anderem ostfriesischen Tee und ostfriesische Spezialitäten.

UPSTALSBOOM [115 E4]
Bevor sich auch in Ostfriesland Adlige zu Herren über ihre Mitmen-

Im Sommer starten in Aurich Ausflugsfahrten auf dem Ems-Jade-Kanal

OSTFRIESLAND

schen aufschwangen, war Friesland zwischen Zuiderzee und Weser ein Land freier Bauern. Sie hatten sich zum Upstalsboomverband zusammengeschlossen und entsandten ihre gewählten Vertreter jeweils am Dienstag nach Pfingsten zu einer alten friesischen Volksversammlungsstätte bei Aurich, dem *Upstalsboom* (dem „aufgestellten Baum"). Auf diesen Thing genannten Plätzen wurden Gesetze verabschiedet und Verträge geschlossen, und man beriet über auswärtige Beziehungen. Heute erinnert eine kleine, 1833 errichtete Pyramide auf einem Erdhügel an diese Zeit, die mit einem ersten Zusammentreffen im Jahr 1156 begann. *Wegweiser „Zur Thingstätte" an der Oldersumer Str. hinter Rahe, am Beginn der Buchenallee parken, von dort 200 m zu Fuß | frei zugänglich*

CAROLINEN-SIEL UND HARLESIEL

[116 B3–4] **Die zur Stadt Wittmund gehörende Gemeinde Carolinensiel (1600 Ew.) überrascht mit einem der schönsten Häfen Ostfrieslands, obwohl sie gar nicht am Meer liegt.** 1729 reichte es dagegen noch bis hierher, als der Ort von holländischen Siedlern gegründet und der Hafen vor einem neu in den damaligen Deich eingefügten Sieltor angelegt wurde. Durch Eindeichungen wurde in den folgenden Jahrzehnten Neuland gewonnen, sodass 1765 der Bau einer Schleuse etwa 1 km nordwärts notwendig wurde, die man nach Friedrich dem Großen be-

nannte. Weitere Neulandgewinnungen führten dann 1955–59 zur nochmaligen Verlängerung des Siels und zum Bau einer weiteren Schleuse mit einem modernen Schöpfwerk vor dem heutigen Hafen von Harlesiel, von dem die Fähren nach Wangerooge abfahren.

Der Hafen von Carolinensiel ist heute nur noch Museumshafen. Alte Häuser und hohe Bäume säumen ihn auf drei Seiten, an den Kais sind Museumsschiffe fest vertäut. Ein kleiner Raddampfer verkehrt im Sommer bei schönem Wetter täglich jede Stunde zwischen 10 und 18 Uhr zwischen dem Museumshafen und Harlesiel, der Museumskahn Marie van't Siel fährt zweimal täglich auf der Harle ins Binnendorf Altfunnixsiel. Wer mit dem Auto kommt, darf (mit Parkscheibe) auf dem Parkplatz der Kurverwaltung in der Bahnhofstraße – vier Gehminuten vom Hafen entfernt – bis zu vier Stunden kostenlos parken. Der feinsandige Ortsstrand beginnt gleich westlich des Hafens am beheizten Freibad und umfasst auch Deichliegeweisen.

■ SEHENSWERTES

DEICHKIRCHE

Das Mauerwerk des auch als „Schifferkirche" bezeichneten Gotteshauses von 1776 ist ringsum so grün berankt, dass die Ziegelsteine kaum noch zu sehen sind. Innen wirkt die Kirche durch ihre Schlichtheit. Besonders schön sind die Orgelempore und die drei großen Segelschiffmodelle. *Carolinensiel | Kirchstr. | April–Okt. Di–Sa 10–17 Uhr | kostenlose 20-minütige Führungen im Juli/Aug. Mi 10 Uhr*

CAROLINENSIEL UND HARLESIEL

ELISABETH-AUSSENGRODEN
Der Groden bietet eine der größten zusammenhängenden Salzwiesen. Auf einem 3,2 km langen Rundweg lernen Sie die Tier- und Pflanzenwelt kennen. *Wegbeginn beim östlichen Parkplatz von Harlesiel | Führungen durch das Nationalparkhaus in Carolinensiel | Auskunft Tel. 04464/803* entlang bis nach Harlesiel. 37 Stationen geben ausführliche Informationen zu historischen Gebäuden und technischen Einrichtungen, zu Schiffen und Wirtschaftsthemen. Im Internet kann man sich schon gut darauf vorbereiten *(www.museumsweg.de)*, im Museum selbst gibt's ein kleines, gut gemachtes Begleitheft zu kaufen.

Im Sielhafenmuseum: wundersame Zeitreise für die Kids der Computerära

FRIEDRICHSSCHLEUSE
Eine Zugbrücke holländischer Art überspannt die Schleuse, die Sie von Carolinensiel auf einem etwa 15-minütigen Spaziergang entlang der Harle erreichen.

MUSEUMSWEG
Ein gut 4 km langer Museumsweg führt seit 2005 vom Sielhafenmuseum durch den Ort und an der Harle

SIELHAFENMUSEUM
Das über drei historische Häuser verteilte Museum erläutert die frühere Bedeutung des Ortes als einer der größten Häfen Ostfrieslands. Vor allem aber zeigt es das Leben im Ort im 19. und frühen 20. Jh.: wieder aufgebaute Werkstätten wie die eines Seilers, eines Böttchers, eines Segelmachers usw., eine Apotheke und ein Tante-Emma-Laden. *Carolinensiel |*

> *www.marcopolo.de/ostfriesland*

OSTFRIESLAND

Am Hafen Ost und Pumphusen 3 | Tel. 04464/869 30 | Ende März–Nov., in den Weihnachtsferien tgl. 10–18 Uhr | www.dshm.de | 4 Euro

ESSEN & TRINKEN

HAFENBLICK
Gutes, von der Inhaberin selbst geführtes Restaurant direkt am Museumshafen, Garten und Terrasse mit Hafenblick, hausgemachte Kuchen. Carolinensiel | Am Hafen West 11 | Tel. 04464/94 22 91 | €€

PUPPEN-CAFÉ
Draußen eine Rasenterrasse am Harleufer, drinnen ein niedlicher Gastraum, den wertvolle alte Puppen dekorieren. Spezialitäten sind die Haustorte mit Zimtsahne, Rum und Pflaumen und der „Ostfriesische Sturmsack", ein mit Sahne und Bohnensopp, also Rosinen in Branntwein, gefüllter Windbeutel. Dazu passt ein Zimt- oder Walnusslikör. Carolinensiel, Am Hafen West 12 | Tel. 04464/429 | tgl. | €

RÄUCHEREIEN
Zwei Räuchereien bieten täglich frisch geräucherte Fische und eine Vielzahl von einfachen Fischgerichten zum Mitnehmen, aber auch zum direkten Verzehr: die *Küsten-Räucherei Albrecht (Friedrichsschleuse 17 | Mo–Sa 9–18, in den Sommerferien 9–20, So 10–18 Uhr)* und die *Räucherei an der Schleuse (Harlesiel | Schleusenstr. 9 | tgl. 9–21 Uhr).*

EINKAUFEN

ATELIER HERMANN HOHLEN
Landschaftsbilder in Öl, überwiegend Motive aus Carolinensiel und Umgebung. Carolinensiel | Pumphusen 10 | bitte klingeln

ÜBERNACHTEN

GÄSTEHAUS BLISCHKE
Moderne Zweipersonenapartments in einem Haus unmittelbar am Harleufer, 1200 m vom Strand entfernt. 8 Apartments | Carolinensiel | Pumphusen 4–6 | Tel. 04464/94 88 00 | Fax 94 88 39 | www.hotel-blischke.de | €

HAUS AM MUSEUMSHAFEN
Drei Ferienwohnungen (60–75 m^2) für bis zu vier Personen in einem denkmalgeschützten Haus. Carolinensiel | Am Hafen West 6 | Tel. 02573/958 94 18 | Fax 95 82 67 | www.haus-am-museumshafen.de | €

SCHLUISTER PARK
Kleines Hotel 900 m vom Strand. Sauna und Solarium, Bier- und Kaffeegarten. 12 Zi. | Friedrichsschleuse 7 | Tel. 04464/85 12 | Fax 94 29 31 | www.hotel-schluister-park.de | €€

AM ABEND

ZUR MÖWE
Kneipe und Restaurant auf einem fest auf der Harle zwischen Friedrichsschleuse und Schöpfwerk vertäuten Schiff, an Wochenenden ab 22 Uhr Tanz unter Deck. Friedrichsschleuse 25 | tgl. ab 11.30 Uhr | www.zurmoewe.de

ZUR STECHUHR DER KÖNIGE ▶▶

Insider Tipp

Kneipe mit witzigem Prinzip: Je länger man bleibt, desto billiger wird das Bier. Preisersparnis ab der dritten Stunde 20, ab der fünften Stunde 40 Prozent. Carolinensiel | Am Hafen Ost 2 | tgl. ab 11 Uhr

CAROLINENSIEL UND HARLESIEL

AUSKUNFT
Bahnhofstr. 40 | 26409 Carolinensiel | Tel. 04464/949 30 | Fax 94 93 23 | *www.harlesiel.de*

ZIELE IN DER UMGEBUNG
NEUHARLINGERSIEL [116 A3–4]
Neuharlingersiel ist ein schon 1693 gegründeter und noch immer sehr geschäftiger Hafenort (1050 Ew.) direkt am Wattenmeer mit 600 m langem Sand- und daran anschließendem Grünstrand. Neuharlingersiel war Schauplatz der 2007 ausgestrahlten ZDF-Serie „Dr. Martin" mit Axel Milberg in der Titelrolle. 14 Fisch- und Krabbenkutter sind hier stationiert, im Hafen herrscht Arbeitsatmosphäre. Auch die Sehenswürdigkeiten liegen um den Hafen herum: Am Anleger der Spiekeroogfähre gewährt die *Deutsche Gesellschaft zur Rettung Schiffbrüchiger* in einem Schuppen Einblick in ihre Arbeit *(tgl. 10–11.30 und 14.30–17 Uhr | 1 Euro)*. An der westlichen Hafenseite präsentiert ein *Buddelschiffmuseum (Westseite 7 | Mi–Mo 10–13 und 14.30–18 Uhr | 2 Euro)* im Gebäude von Janssen's Hotel über 100 dieser filigranen Gebilde.

Im Süden des Hafenbeckens gelangen Sie durch die Sieltore, die bei Sturmfluten geschlossen werden können, in den kleinen Park des *Sielhofs,* eines wie ein kleines Schloss wirkenden Gutshofs aus dem 18. Jh. Im alten Gutshof wartet das *Café-Restaurant Sielhof (Tel. 04974/605 |Mo geschl. | €€)* auf Gäste. Eine kulinarische Oase ist das Restaurant *Poggenstool (Addenhausen 1 | Tel. 04974/919 10 | Mo-Mittag und Di geschl. | €€€)*. Direkt am Hafen übernachten Sie gut in *Mingers Hotel (30 Zi. | Am Hafen West 1–2 | Tel. 04974/91 30 | Fax 913 21 | www.mingers-hotel.net | €€€)*. Einen Tages-

Durch den Dünengürtel von Spiekeroog führt ein Netz von Wanderwegen

OSTFRIESLAND

parkplatz finden Sie am Fähranleger auf der Westseite des neuen Hafens.

Auskunft: *Edo-Edzards-Str. 1 | 26427 Neuharlingersiel | Tel. 04974/ 188 12 | Fax 788 | www.neuharlinger siel.de*

SPIEKEROOG ⭐ [116 A–B3]

Spiekeroog (730 Ew.) ist die ruhigste und traditionsverbundenste aller Ostfriesischen Inseln. Als einzige besitzt sie keinen Flugplatz. Spiekeroog ist nicht nur autofrei: Selbst Gästefahrräder werden hier nur ungern gesehen, einen Fahrradverleih gibt es nicht. Im historischen Ortskern mit seinen schmalen Gassen stehen nicht nur mehrere jahrhundertealte Insulanerhäuser, sondern auch hohe Bäume und die älteste Kirche aller sieben Inseln. Kein modernistischer Bau stört das harmonische, wirklich noch dörflich anmutende Ortsbild mit seinen Linden und Kastanien. Zwischen Dorf und Strand liegt ein außergewöhnlich breiter Dünengürtel, den stellenweise Wäldchen durchziehen. Durch die Dünen führt ein dichtes Netz von Wanderwegen; ❄ Aussichtsdünen gewähren einen prächtigen Überblick über die Insel.

Zumindest von außen anschauen sollten Sie sich die *Alte Inselkirche (Innenbesichtigung nur Mo 16–17, Mi 11–12, Fr 17–18 Uhr)* aus dem Jahr 1698 zwischen den Straßen Süder- und Noorderloog. Auf dem Kirchhof sind einige alte Grabsteine aus dem 18. und 19. Jh. zu sehen, von denen zwei schöne Segelschiffreliefs tragen. Ein stimmungsvolles Café ist *Das Alte Inselhaus (Süderloog 4 | tgl. 15–17 und 19–23 Uhr)* in einem um 1700 erbauten Haus.

Die Fähren nach Spiekeroog fahren in Neuharlingersiel ab, der Fahrplan ist tidenabhängig *(Auskunft Tel. 04974/214 | www.spiekeroog.de)*.

WANGEROOGE [116 B–C3]

Die östlichste der Ostfriesischen Inseln (1280 Ew.) musste im April 1945 den schwersten Bombenangriff hinnehmen, dem die Inseln je ausgesetzt waren. Nur wenige ältere Häuser wie der Bahnhof von 1906 stehen noch. Am Bahnhof beginnt mit der Zedeliusstraße die Flaniermeile Wangerooges, die 600 m weit bis direkt an den Strand führt. Von dort aus sieht man oft große Schiffe vorbeifahren: Die Schifffahrtswege in den Jadebusen, die Weser und die Elbe führen dicht an der Insel vorbei.

Über Wangerooge und seine Geschichte informiert das *Inselmuseum (Zedeliusstr. 3 | Apr.–Okt. Mo–Sa 10–17, So 10–13 Uhr | 2 Euro)* im schon 1855–59 erbauten, 39 m hohen Alten Leuchtturm. Deutsche Soldaten und ausländische Zwangsarbeiter sind in der Kriegsgräberstätte in einem Dünental am Fußweg in den Inselwesten beigesetzt. Dort steht seit 1933 der Westturm als Wahrzeichen der Insel (heute Jugendherberge).

Ein schöner Platz fürs Mittagessen oder Kaffeetrinken ist das kreisrunde *Café Pudding (Zedeliusstr. | Tel. 04469/220 | tgl. | €€)* auf einer Düne. Anspruchsvolle Souvenirs bietet die Künstlerin Monika Ploghöft in ihrer ▶▶ *Galerie Collage am Damenpfad (Charlottenstr. 25)*.

Die Fähren nach Wangerooge fahren ab Harlesiel, der Fahrplan ist tidenabhängig *(Auskunft Tel. 04464/ 94 94 11 | www.wangerooge.de)*.

DORNUM UND DORNUMERSIEL

WERDUM [116 A4]

Der kleine, beschauliche Erholungsort im ostfriesischen Binnenland tut viel für seine Gäste. Die 1748 gebaute Windmühle steht Besuchern tagsüber ebenso kostenlos offen wie die alte Schmiede gleich nebenan. Kostenlose Führungen durch die 1327 gebaute Dorfkirche werden im Juli und August jeweils donnerstags um 17 Uhr angeboten. Auskunft und Zimmervermittlung: *Raiffeisenplatz 1 | Tel. 04974/99 00 99 | Fax 99 00 39 | www.werdum.de*

WITTMUND [116 B5]

Als Wittmund (21 000 Ew.) 1978 im Rahmen einer Gebietsreform Oldenburg angegliedert werden sollte, liefen die Wittmunder Sturm gegen diesen Plan: Sie wären dann ja keine Ostfriesen mehr gewesen. Ein Gericht gab ihnen Recht, Wittmund wurde zur selbstständigen Kreisstadt und blieb somit ostfriesisch. Aufregender wurde es dadurch auch nicht. Sehenswert ist jedoch das *Heimatmuseum in der Peldemühle (Esenser Str. 14 | Tel. 04462/52 79 | April–Okt. Di–Sa 10–17.30, So 10–13 Uhr | 2 Euro),* der 1741 gebauten, ältesten Galerieholländermühle Deutschlands.

In der zweiten Mühle der Stadt, der *Siuts-Mühle* von 1885, können Sie heute stimmungsvoll und gut essen: Sie beherbergt das italienische *Restaurant Die Mühle (Auricher Str. 9 | Tel. 04462/40 51 | tgl. | €€).* Stilvoll wohnt man am Markt im radfahrerfreundlichen ➎ *Hotel Residenz (50 Zi. | Am Markt 13 | Tel. 04462/ 88 60 | Fax 88 61 23 | www.residenz-wittmund.de | €€€).*

Auskunft: *Am Markt 15 | Tel. 04462/98 31 25 | Fax 98 32 98 | www.wittmund.de*

DORNUM UND DORNUMERSIEL

[115 E1–2] **Dornum (4700 Ew.) ist einer der beschaulichsten und zugleich interessantesten Orte Ostfrieslands.** Niedrige Häuser, die meisten aus schwarzroten Klinkern, säumen die verkehrsarmen Straßen; in den guten Restaurants und Kunsthandwerksläden herrscht entspannte Atmosphäre und keinerlei Hektik. Zwei von drei Burgen, die das auf einer Geestinsel inmitten der Marsch gelegene Dornum um 1400 besaß, sind einige Zeit nach ihrer Zerstörung im Jahr 1514 wieder aufgebaut worden und zieren den Ort heute ebenso wie die alte Kirche. Von besonderem Interesse sind die ehemalige Synagoge und der jüdische Friedhof Dornums, die daran erinnern, dass es hier wie anderswo in Ostfriesland bis zur Nazizeit einen jüdischen Bevölkerungsteil gab. Dornumersiel, der Hafenort der Gemeinde, zeichnet sich durch mehrere sehr gute Restaurants und durch seine Ruhe aus.

SEHENSWERTES

JÜDISCHER FRIEDHOF

Auf dem kleinen, idyllischen Friedhof stehen noch über 30 zumeist deutsch und hebräisch beschriftete Grabsteine Dornumer Juden aus den Jahren 1721–1945. *Dornum | Marktstr. | So–Fr frei zugänglich*

> www.marcopolo.de/ostfriesland

OSTFRIESLAND

NORDSEEHAUS
Thema sind die Lebensformen des Wattenmeers und ihre Gefährdung durch Umweltverschmutzung. In der Saison Zusatzausstellung zur Geschichte des Doppelorts Dornumersiel und Westeraccumersiel. *Dornumersiel | Oll Deep 7 | Tel. 04933/15 65 | April–Okt. Di–Fr 9–17, Sa/So 13–17*

ST.-BARTHOLOMÄUS-KIRCHE
Die auf einer Warf gelegene Kirche aus dem späten 13. Jh. diente bei Sturmfluten als Zufluchtsort. Zu ihrer Innenausstattung gehören ein Sandsteintaufbecken aus der Zeit um 1300 und eine klangvolle, um das Jahr 1710 geschaffene Orgel. *Dornum | Kirchstr. | Ostern–15. Okt. tgl.*

Der Phantasie sind keine Grenzen gesetzt: Drachen und Windräder

Uhr | Eintritt frei | www.nordseehaus-dornumersiel.de

OMA-FREESE-HUUS
Kleine Heimatstube, u.a. mit einer Schuhmacherwerkstatt und einer alten Küche mit offener Feuerstelle. *Dornum | Gartenstr. 1 | Tel. 04933/13 43 | Pfingsten–Sept. Di/Do 11–12 und 15–17, So 15–17 Uhr | Eintritt frei, Spende erbeten*

10–12 und 15–17 Uhr, in den Weihnachtsferien tgl. 10–12 und 14–16 Uhr

SYNAGOGE

Als einzige von einst zwölf ostfriesischen Synagogen hat die von Dornum die Reichspogromnacht äußerlich unversehrt überstanden, weil sie ein paar Tage zuvor an einen nichtjüdischen Dornumer Tischler verkauft

40 | 41

DORNUM UND DORNUMERSIEL

worden war, der sie als Möbellager nutzen wollte. Heute dient sie als Informations- und Gedenkstätte. Zu einem Erlebnis wird der Besuch durch ihren Initiator Georg Murra-Regner, der als Jude und waschechter Ostfriese zugleich voller Engagement

Glückliche Dornumer Schüler: Sie dürfen in einem Wasserschloss die Bank drücken

und äußerst unterhaltsam Besuchern Einblicke in Geschichte und Religion der ostfriesischen Juden vermittelt. *Dornum | Kirchstr. 6 | Tel. 04933/342 | Fr–So 15–18 Uhr | Eintritt frei*

WASSERSCHLOSS NORDERBURG
Ostfrieslands größtes Wasserschloss, erbaut im Stil des Barock zwischen 1668 und 1720, dient heute als Schule. Imposant sind das 30 m hohe Torhaus und die Weite des Schlosshofs. Der Rittersaal mit seinen Wand- und Deckenmalereien ist nur im Rahmen von Führungen zu besichtigen. *Dornum | Schlossstr. | Tel. 04933/91 10 | während der Schulzeit erst ab 13.15 Uhr, Führungen So 11 und Mo 16 Uhr*

ESSEN & TRINKEN
ALTE SCHMIEDE
Das Restaurant ist im historischen Gebäude der alten Dorfschmiede untergebracht. Auf der vielseitigen Speisekarte stehen unter anderem Ente, Deichlamm und saisonale Spezialitäten. *Dornumersiel | Cassen-Eilts-Pad 2 | Tel. 04933/17 44 | im Winter Mo/Di geschl. | €€–€€€*

BENINGABURG
Durchgehend warme Küche, serviert im historischen Ahnensaal und im Burghof. Besonders schön: Sowohl drinnen als auch draußen gibt es jeweils einen großen Mühlstein als Tisch, an dem die Gäste selbst über Holzkohle grillen können. *Dornum | Beningalohne 2 | Tel. 04933/99 17 67 | tgl. | €€*

SIELHUUS
Ostfriesische Teestube in zwei Räumen in einem Haus von 1772. *Dornumersiel | Oll Deep 3 | Tel. 04933/91 40 14 | abends, im Winter Di/Mi geschl. | €*

EINKAUFEN
GOLDSCHMIEDE MATTHEY
Exklusiver, im Atelier selbst gearbeiteter Schmuck aus Silber, Gold und Platin mit und ohne lupenreine Brillanten. *Dornum | Kirchstr. 8 | www.goldschmiede-matthey.de*

> www.marcopolo.de/ostfriesland

OSTFRIESLAND

HANDWEBEREI FIEFSCHAFT *Insider Tipp*

Irene Steffens entwirft Tischdecken, Gardinen und andere Wohntextilien sowie Kleidung nach eigenen Ideen oder Kundenwünschen, die dann in ihrem Bauernhaus bei Dornum an einem ihrer 15 Webstühle in Handarbeit gewebt werden. *Dornum | Am Marktplatz | Mo–Fr 14.30–18, Sa 10–14 Uhr | www.fiefschaft.de*

■ ÜBERNACHTEN

BUTEN DIEK

Einfache Zimmer in einem schlichten Haus mit gutem Restaurant, direkt am Binnensee und nahe dem Strand, familiär geführt. *10 Zi. | Dornumersiel | Hafenstr. 4 | Tel. 04933/991 20 | Fax 99 12 21, www.buten-diek.de | €*

■ AUSKUNFT

Hafenstr. 3 | 26553 Dornumersiel | Tel. 04933/911 10 | Fax 91 11 15 | www.dornum.de

■ ZIELE IN DER UMGEBUNG

BALTRUM [115 E1]

Auf der kleinsten der Ostfriesischen Inseln (540 Ew., 6,5 km² klein) tragen die Straßen keine Namen – die Hausnummern werden chronologisch quer durch den Ort vergeben. Der liegt inmitten niedriger Dünen; die Häuser sind auf Dünen und in Dünentäler hineingebaut. Im Ort sind die *Alte Kirche (Haus 8, Westdorf)* aus dem Jahr 1830, die 1888 erbaute alte *Inselschule* gleich daneben und die moderne, reetgedeckte *Katholische Inselkirche (Haus 34, Westdorf)* sehenswert. Sie ist mit 14 schönen bunten Glasfenstern geschmückt. Schönste Landschaft ist das 1000 m lange und bis zu 300 m breite Dünental.

Abfahrtshafen für Baltrum ist Neßmersiel, der Fahrplan ist tidenabhängig *(Auskunft Tel. 04939/913 00 | www.baltrum.de).*

WESTERACCUM [115 E2]

Auf dem *Friedhof* der Dorfkirche stehen zahlreiche alte und auch neue Grabsteine mit besonders schönen Reliefs von Segelschiffen. *Insider Tipp* Andere sind mit Engelsköpfen oder mit der Hand Gottes geschmückt. *Kirchstr. | frei zugänglich*

EMDEN

 KARTE IN DER HINTEREN UMSCHLAGKLAPPE

[115 D5] Emden (51000 Ew.) ist die bedeutendste Hafenstadt Ostfrieslands und der wichtigste Industriestandort der Region. Vom Emder Autoverladehafen aus werden jährlich rund 450000 neue Autos in alle Welt verschifft. Auf zwei Werften werden auch große Pötte bis zu 100000 Bruttoregistertonnen gebaut; eine Reihe von Zulieferbetrieben stellt weitere Arbeitsplätze zur Verfügung. Trotzdem ist Emden keine hässliche Industriestadt. Obwohl im Zweiten Weltkrieg durch Bombenangriffe zu 80 Prozent zerstört, besitzt die Innenstadt zu beiden Seiten des alten, Ratsdelft genannten Hafens viel Flair. Langeweile kommt hier auch abends nicht auf.

■ SEHENSWERTES

BUNKERMUSEUM *Insider Tipp*

In einem Bunker aus dem Zweiten Weltkrieg wird auf mehreren Etagen die Geschichte Emdens zwischen

EMDEN

1933 und den frühen 1950er-Jahren gezeigt. *Holzsägerstr. | Tel. 04921/ 322 25 | Mai–Okt. Di–Fr 10–13 und 15–17, Sa/So 10–13 Uhr | www.bun kermuseum.de | 2 Euro*

HAFENRUNDFAHRTEN
Fahrt in den Emder Außenhafen und zur Autoverladeanlage. *Tel. 04921/ 890 74 05 | Osterferien bis Ende Okt. mehrmals tgl. ab Delfttreppe | www.ag-ems.de | 6,50 Euro*

KUNSTHALLE
1986 stiftete der aus Emden stammende „Stern"-Herausgeber Henri Nannen das Haus und seine bedeutende Sammlung von Werken der klassischen Moderne, insbesondere von deutschen Expressionisten, seiner Heimatstadt. Zudem finden hier wechselnde Sonderausstellungen von überregionalem Rang statt. *Hinter dem Rahmen 13 | Tel. 04921/97 50 50 | Di 10–20, Mi–Fr 10–17, Sa/So 11–17 Uhr, während der Vorbereitung von Sonderausstellungen geschl. | www.kunsthalle-emden.de | 5 Euro, Schüler bis 15 Jahre frei*

MUSEUMSSCHIFFE
Im Ratsdelft liegen drei alte Schiffe, die besichtigt werden können: der hölzerne Segellogger AE7 Stadt Emden, der zum Heringsfang in der Nordsee eingesetzt wurde, der Seenotrettungskreuzer Georg Breusing, der von 1963 bis 1988 auf Borkum stationiert war, und das Feuerschiff Amrumbank, das 1918 in Dienst gestellt wurde. *Ratsdelft, Georg-Breusing-Promenade | Tel. für alle Schiffe 04921/232 85 | Feuerschiff: Osterferien bis Anfang Nov. Mo–Fr 10.30–13 und 14.30–17, Sa/So 11–13 Uhr | Rettungskreuzer: Osterferien bis Anfang Nov. tgl. 10.30–13 und 15–16.30 Uhr, Hochsaison tgl. 10.30–17 Uhr | Heringslogger: Sommerferien bis Anfang Nov. Mo–Fr 10–13 und 15–17, Sa/So 11–13 Uhr | Einzeleintritt je Schiff 2 Euro*

OSTFRIESISCHES LANDESMUSEUM
Mit modernen technischen Mitteln und einfühlsamer Ausleuchtung präsentiert das 2003–2005 völlig modernisierte Museum im Emder Rathaus von 1574 zahlreiche Aspekte Ostfrieslands. Spektakulärer Höhepunkt ist eine Moorleiche aus dem 8. Jh. Künstlerisch wertvoll sind die romanischen Taufbecken. In der zweiten Etage zeigt ein Modell das Aussehen der Stadt um 1650. Beeindruckend sind hier auch die vielen erstklassigen Arbeiten Emder Gold- und Silberschmiede und acht farbige Glasfenster aus dem Rathaus des 16. Jhs. In der dritten Etage kann man sich kurze Filme u.a. über Emden in der NS-Zeit, Heringsfang der 1950er-Jahre, Windenergie oder Straßenboßeln anschauen. Das vierte Stockwerk birgt eine der größten deutschen Sammlungen von Ritterrüstungen und spätmittelalterlichen Waffen. Von dort aus können Sie abschließend den ❄ Rathausturm besteigen, der einen weiten Blick über Emden und Umgebung gewährt. *Neutorstr. 7–9 | Tel. 04921/87 20 58 | Di–So 10–18 Uhr | www.landes museum-emden.de | 6 Euro*

DAT OTTO HUUS
Ein Ottifant ziert das Haus im Herzen Emdens, in dem der in dieser Stadt

> www.marcopolo.de/ostfriesland

OSTFRIESLAND

geborene Blödelbarde Otto Waalkes außer weiteren Ottifanten auch zahlreiche andere Objekte, Fotos aus seinen Filmen und seiner Jugendzeit präsentiert. Ein Laden voller Ottifanten ist natürlich auch dabei. *Große Str. 1 | Tel. 04921/221 21 | Anfang Osterferien–Ende Weihnachtsferien Mo–Fr 9.30–18, Sa 9.30–14 Uhr, Mai/Juni Mo geschl., April und Juli–Okt. auch So 10–16 Uhr | www.ottifant.de | 2 Euro*

STADTFÜHRUNGEN
Treffpunkt Infopavillon am Stadtgarten | Ostern–Okt. Sa 11 Uhr | 3 Euro

VW-WERK
Die Fabrik des Autobauers ist Emdens wichtigster Industriebetrieb. *Tel. 04921/86 23 90 | Werksbesichtigung Di und Do 13.15 Uhr*

ESSEN & TRINKEN
FEUERSCHIFF
Seemannsromantik und gute norddeutsche Küche erwarten Sie im Kajütenrestaurant des Museumsfeuerschiffs. In der Küche stehen keine Matrosen, sondern Köche aus dem Viersternehotel Upstalsboom. *Georg-Breusing-Promenade | Tel. 04921/92 92 00 | im Winter abends geschl. | €€–€€€*

GRAND CAFÉ AM STADTGARTEN
Café auf zwei Etagen mit Terrasse und Balkon, das auch preiswerte Pfannkuchen, Burger, Salate und Baguettes serviert. *Am Stadtgarten 7–13 | Tel. 04921/288 11 | tgl. | €*

NORDSEEWELLE

Insider Tipp

Dieses Fischgeschäft mit Imbiss wartet mit Plätzen drinnen und draußen

Da staunen auch kleine Besucher: Expressionisten in der Emder Kunsthalle

44 | 45

EMDEN

auf. Die meisten Gerichte kosten unter 6 Euro. *Zwischen Beiden Märkten 1 | Tel. 04921/290 60 | abends und So geschl. | €*

■ EINKAUFEN

EMDER KUNST-LADEN

Verschiedenartiges Kunsthandwerk aus Ostfriesland, dazu Kulinaria und Bücher bietet der Laden im Ostfriesischen Landesmuseum zu fairen Preisen. *Neutorstr. | Öffnungszeiten wie Museum*

WOCHENMARKT

Di, Fr und Sa vormittags auf dem Neuen Markt

■ ÜBERNACHTEN

ALT EMDER BÜRGERHAUS

Das einfach möblierte, familiär geführte Hotrel findet sich in einer original Jugendstilvilla direkt am Stadtwall. *12 Zi. | Friedrich-Ebert-Str. 33 | Tel. 04921/97 61 00 | Fax 97 61 29 | www.alt-emder-buergerhaus-emden. de | €*

GAZELLE

Familienfreundliches Innenstadthotel mit Fahrradverleih und -werkstatt, auch Vierbettzimmer. Der Wellnessbereich im Hotel Faldernpoort gegenüber kann mitbenutzt werden. *11 Zi. | Courbièrestr. 9 | Tel. 04921/ 975 20 | Fax 287 61 | www.fahrrad hotel-gazelle.de | €€*

PARKHOTEL UPSTALSBOOM

Komfortables Haus am Rand des Zentrums; mit Beauty- und Wellnessbereich. *95 Zi. | Friedrich-Ebert-Str. 73–75 | Tel. 04921/899 70 | Fax 89 97 82 | www.upstalsboom.de | €€€*

■ AM ABEND

Zentrum des Nachtlebens ist der in der Innenstadt nahe dem alten Hafen gelegene *Neue Markt* mit Kneipen, Restaurants und Diskos.

■ AUSKUNFT

Infopavillon am Stadtgarten | 26703 Emden | Tel. 04921/974 00 | Fax 974 09 | www.emden-touristik.de

> OSTFRIESISCHE TEESTUNDE
Eine Zeremonie mit Wolke und Kluntjes

Die Ostfriesen haben das Teetrinken zwar nicht erfunden, aber in besonderer Weise kultiviert. Bedeutender noch als die spezielle ostfriesische Mischung, bei der kräftige Assamsorten dominieren, sind die Zubereitung und die Trinkzeremonie. Die Teeblätter werden in einer dünnwandigen Porzellankanne mit kochend heißem Wasser überbrüht und müssen mindestens drei Minuten ziehen. Dann wird die Kanne auf ein Stövchen gestellt. Zunächst kommen zwei große Stücke Kandiszucker – Kluntjes genannt – in die Tasse, die herrlich knistern, wenn der heiße Tee darüber gegossen wird. Dann hebt man flüssige Sahne mit einem Löffel vorsichtig in die Tasse, rührt sie aber nicht um. Sie muss wie eine Wolke im Tee zerfließen. Der höfliche Gast trinkt mindestens drei Tassen, bevor er wieder aufsteht – und der gute Ostfriese trinkt seinen Tee nach alter Überlieferung mindestens viermal am Tag.

OSTFRIESLAND

ZIELE IN DER UMGEBUNG
BORKUM [114 A2]

Borkum liegt weiter vom Festland entfernt als alle anderen Ostfriesischen Inseln und rühmt sich eines echten Hochseeklimas. Vom Hafen fahren Linienbusse, Taxis und die historische Inselbahn ins Zentrum des Inselstädtchens, das nur teilweise autofrei ist. In der Stadt Borkum leben fast alle der 6560 Insulaner, stehen die meisten der mehr als 18 000 Gästebetten. Vor allem die Bismarck- und die Franz-Habich-Straße laden zum Einkaufs- und Kneipenbummel ein. Romantiker zieht es eher in den Weiler Ostland, in dem die letzten beiden Inselbauern ihre Höfe haben und zwei Cafés auf Gäste warten. Bis hierher fährt auch der Linienbus. Fahrräder für Radtouren kann man sehr zeitsparend direkt im Inselbahnhof ausleihen.

Besonders sehenswert sind im Inselstädtchen der 60 m hohe ✹ *Neue*

Variationen zum Thema Strandkorb: die bunten Borkumer Strandzelte

Leuchtturm (Strandstr. | April–Okt. tgl. 10–11.30 und 15–17.30 Mo, Mi, Fr/Sa auch 19–21, Nov.–März Di, Fr, So 15–16.30 Uhr | 1,50 Euro) und der schon 1576 erbaute ✹ *Alte Leuchtturm (Kirchstr. | Juli–Sept. Mo, Mi, Fr, Sa (außer 1. Fr im Monat), Apr.–Juni und Okt. Mo, Mi, Sa, Nov.–März Sa jeweils 10.30–11.30 Uhr | 1,50 Euro)*. Vom Alten Leuchtturm sind es nur wenige Schritte zum *Walzaun (Wilhelm-Bakker-Str. 3)* aus teilweise 2 m hohen Kinnladen von Walen, den ein Walfänger von der Insel im 18. Jh. errichten ließ. Das nahe *Heimat-*

46 | 47

ESENS UND BENSERSIEL

museum Dykhuus (Roelof-Gerritz-Meyer-Str. | März–Okt. Di–So 10–12 und 16–18 Uhr | 3 Euro) sollte man auf jeden Fall besichtigen.

Gut essen können Sie in den *Delfter Stuben* (Bismarckstr. 6 | Tel. 04922/20 11 | tgl. | €€€); preiswert **Insider Tipp** und gut ist auch der **Metzger-Grill Wilhelm Rau** (Neue Str. 30 | Mo–Sa 11–21 Uhr | €).

Borkum erreichen Sie per Autofähre oder Katamaran von Emden aus, der Verkehr ist tidenunabhängig (*Auskunft Tel. 0180/502 43 67* | *www.ag-ems.de*).

LEER   [115 E6]

Die Hafenstadt (34 000 Ew.), die sich selbst als „Tor Ostfrieslands" bezeichnet, liegt am Zusammenfluss von Leda und Ems. Ihre große Altstadt gehört zu den schönsten ihrer Art in Niedersachsen. Auffällig ist das große Angebot an originellen Geschäften, Cafés und Restaurants. Wer mit dem Auto kommt, folgt den Wegweisern „Altstadt/Rathaus" und parkt auf dem gebührenfreien Großparkplatz P9.

Von hier sind es nur zwei Gehminuten bis zum Alten Hafen. Dort steht mit der barocken *Stadtwaage* von 1714 das schönste Einzelgebäude Leers. Vorbei am markanten, erst 1894 erbauten *Rathaus* gelangen **Insider Tipp** Sie zum **Samson-Haus** (Rathausstr. 18) von 1643. Die *Weinhandlung Wolff* im Erdgeschoss destilliert auch ostfriesische Spirituosenspezialitäten, die Sie im Laden erstehen können. In den beiden darüber liegenden Geschossen hat die Familie ein hübsches *Museum ostfriesischer Wohnkultur* (Mo–Fr 9–13 und 15–18 Uhr |

Eintritt 1,50 Euro) eingerichtet. Der Besuch wird der privaten Atmosphäre wegen zum besonderen Erlebnis. Direkt am Deich wohnt man im *Hotel Ostfriesenhof* (63 Zi. | Tel. 0491/609 10 | Fax 609 11 99 | *www.ostfriesen-hof.de* | €€€) mit Hallenbad, Sauna und Kegelbahn.

Auskunft: *Ledastr. 10* | *Tel. 0491/ 91 96 96 70* | *Fax 91 96 96 69* | *www.stadt-leer.de*

ESENS UND BENSERSIEL

[115 F2] **Esens im Harlinger Land ist mit 7000 Ew. die kleinste der sieben ostfriesischen Festlandstädte.** Altes und Neues gehen hier eine harmonische Verbindung miteinander ein; die vielen Sehenswürdigkeiten und Museen sind attraktiv genug für einen mindestens halbtägigen Ausflug. Bensersiel ist der zu Esens gehörige Hafen- und Badeort. Er präsentiert sich modern und übersichtlich, ist aber ohne besonderes Flair.

■ SEHENSWERTES ■

AUGUST-GOTTSCHALK-HAUS

Das kleine Museum erinnert an die Geschichte der Juden der Stadt. Zu Beginn der Nazizeit lebten noch 85 in Esens, die Hälfte von ihnen kam in den Vernichtungslagern der Faschisten um. *Esens* | *Burgstr. 8* | *Tel. 04971/23 06* | *April–Okt. Di, Do, So 15–18 Uhr* | *2 Euro*

BÄRENSKULPTUR

Die Bronzeskulptur in der Nordwestecke des Kirchplatzes von Esens ist besonders bei Kindern beliebt. Der

> **www.marcopolo.de/ostfriesland**

OSTFRIESLAND

fast lebensgroße Tanzbär, den man übrigens auch im Stadtwappen wiederfindet, war während einer Belagerung von Esens seinem Führer entkommen und auf den Kirchturm gestiegen. Als die Belagerer ihn sahen, zogen sie entmutigt ab: Eine belagerte Stadt, die noch einen Bären durchfüttern konnte, war wohl nicht so schnell zu bezwingen.

BERNSTEINMUSEUM
Siegfried von Esmarch, der selbst Schmuck aus Bernstein herstellt, präsentiert auf zwei Etagen edle Stücke und informiert über Entstehung, Gewinnung und Bearbeitung von Bernstein. *Esens | Herdestr. 14 | Tel. 04971/22 78 | Ostern–Okt. Mo–Fr 9–18, Sa 9–13 Uhr, Nov.–Ostern Mo–Fr 9.30–13 und 14.30–18, Sa 9.30–14 Uhr | 2 Euro*

HOLARIUM
Hier finden Sie mehr als 300 Hologramme zum Anschauen und viele auch zum Kaufen. *Esens | Kirchplatz 2 | Tel. 04489/51 98 | Ostern bis Okt. tgl. 11–19 Uhr | www.holarium.de | 3,70 Euro*

Insider Tipp

MUSEUM LEBEN AM MEER
In der 150 Jahre alten Peldemühle wird die Siedlungsgeschichte des Harlingerlandes dokumentiert. Spektakulärstes Objekt der Sammlung ist ein im Watt gefundenes Frauenskelett. Besondere Attraktionen sind außerdem eine historische Uhrmacherwerkstatt und ein Fliesenzimmer mit mehr 1000 alten Kacheln. *Esens | Walpurgisstr. | Tel. 04971/52 32 | Mitte März–Okt. Di–So 10–12 und 14–17 Uhr, Führungen Mi 15 Uhr | www.ostfriesische-museen.de | 2 Euro*

Die Altstadt von Leer gehört zu den schönsten in Niedersachsen

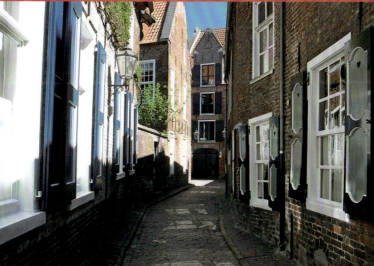

ESENS UND BENSERSIEL

Esens: Rathaus mit vornehmer Vergangenheit

RATHAUS

Der klassizistische Bau (18. Jh.), ursprünglich ein Witwenstift für vornehme Damen, birgt kostbare Tapisserien mit phantastischen Natur- und Stadtlandschaften, rührend naiven Tierdarstellungen und der Szene eines pastoralen Schäferstündchens. *Esens | Am Markt | Besichtigung nur im Rahmen der Führung durch die St.-Magnus-Kirche, März–Okt. Do 15 Uhr*

ST.-MAGNUS-KIRCHE

Der weithin sichtbare Bau im Ortszentrum ist mit 1700 Plätzen die größte Kirche Ostfrieslands. Das heutige Gotteshaus wurde zwar erst 1850 geweiht, verwahrt aber mehrere Kunstwerke aus Vorgängerkirchen. Besonders schön: der 1714 entstandene Altar, den ein hoher, geschnitzter Weinstock als Symbol des ewigen Lebens ziert – in Anspielung auf das Johannesevangelium („Ich bin der Weinstock, ihr seyd die Reben"). *Esens | Kirchplatz | Kirche März–Okt. Di–Fr 10–11.30 und 14.30–16 Uhr; Kirchenführung Do 15 Uhr; Turmmuseum April–Okt. So 11–12, Di und Do 15–17 Uhr | Spende erbeten*

ESSEN & TRINKEN

STADT-SCHKÜR

Inside Tip

In dem liebevoll eingerichteten, 1851 als städtischer Viehstall erbauten, scheunenartigen Gebäude wird Tee nicht nur serviert, sondern auch erklärt. *Esens | Markt 1a | beim Rathaus | Tel. 04971/23 14 | tgl., Nov.–Feb. Di geschl. | €€*

STÜRHUS

Restaurant und Kneipe auf zwei Etagen direkt auf am Deich, aus dem

OSTFRIESLAND

☼ Obergeschoss Meer- und Hafenblick. Große Karte, viele Gerichte auch als Seniorenportion, in der Saison unbedingt Tisch reservieren! *Bensersiel | Hauptstr. 11 | Tel. 04971/ 48 68 | www.stuerhus.de | €€*

■ EINKAUFEN

ANTIQUITÄTEN SCHULZ
Großes Angebot, eigene Tischlerei. *Esens | Jeverstr. 22 | www.antiquitaeten-schulz.de*

ENNO VON FELDE SCHMUCKDESIGN
Ladenatelier für sehr individuellen Silber-, Gold-, Platin-Schmuck. *Esens | Steinstr. 28 | Mi-Nachmittag geschl.*

TEEKONTOR OSTFRIESLAND
Große Auswahl verschiedener Teesorten, Teeporzellan und Zubehör. *Esens | Steinstr. 16*

■ ÜBERNACHTEN

BENSER HOF
Mal kein eckiger, sondern ein runder Hotelbau direkt auf dem Deich. Grandioser Blick aus der ☼ Zimmern in der dritten Etage. *21 Zi. | Bensersiel | Hauptstr. 9 | Tel. 04971/ 927 40 | Fax 92 73 18 | www.benserhof.de | €€€*

WIETING'S
Stilvolles Hotel mit sehr gutem Service direkt am verkehrsberuhigten Marktplatz. Nichtraucherzimmer, Sauna, Solarium, Garten mit Liegewiese, Abholservice vom Bahnhof. Kinder bis zwölf Jahre wohnen hier kostenlos und haben freien Eintritt in die Nordseetherme. *18 Zi. | Esens | Am Markt 7 | Tel. 04971/45 68 | Fax 41 51 | www.hotel-esens.de | €€*

■ AM ABEND

CAPTAIN'S ▶▶
Jeden Mittwoch ab 19.30 Uhr Tanz und Oldies, oft live, auch sonst gelegentlich Partys und Gastauftritte. Alle Altersgruppen, stimmungsvoll durch die Lage direkt am Wattenmeer. *Bensersiel | Am Strand 6 | Tel. 0170/779 99 17 | tgl. ab 19 Uhr*

■ AUSKUNFT
Am Markt | 26427 Esens | Tel. 04971/ 91 27 00 | Fax 49 88 | www.bensersiel.de

■ ZIEL IN DER UMGEBUNG

LANGEOOG   [115 F1]
Langeoog (2100 Ew.) zeichnet sich durch eine abwechslungsreiche

>LOW BUDGET

> *Urlauberbus:* Im gesamten Landkreis Aurich fahren Urlauber mit Kur- oder Gästekarte auf allen Strecken vom 15. März–31. Okt. für nur einen Euro. Info: *Tel. 04941/933 77 | www.urlauberbus.de*

> Die *Jugendherberge* in Aurich (*Am Ellernfeld 14 | Tel. 04941/28 27 | www.jugendherberge.de/jh/aurich*) ist die preiswerteste in der Region. Übernachtung/Frühstück ist hier 2008 schon ab 16,70 Euro zu haben.

> Auf den Fähren nach Borkum, Norderney und Juist werden *InselTicket-Gutscheinhefte* verkauft, die auf der jeweiligen Insel zahlreiche Vergünstigungen bieten. Wer sie klug nutzt, kann damit auch als Tagesausflügler Geld sparen. Für Borkum kosten sie 19,50 Euro, für Juist und Norderney 17,50 Euro. *www.inselticket.de*

GREETSIEL

Busch- und Waldlandschaft aus. Für die Fahrt vom Hafen ins Inselstädtchen braucht die farbenfrohe Inselbahn nur sechs Minuten; Fahrräder können gleich gegenüber vom Bahnhof gemietet werden. Auffällig breit ist auf Langeoog der Dünengürtel zwischen Dorf und Badestrand, über den sich die 1500 m lange Höhenpromenade als reiner Fußgängerweg zieht. Die höchste aller Dünen ist die über 21 m hohe ❄ Melkhörndüne – für ostfriesische Verhältnisse ein wahrer Aussichtsberg! Besonders sehenswert ist der Dünenfriedhof mit dem Grab der Sängerin Lale Andersen („Lili Marlen"), deren Wahlheimat die Insel war. Das *Schifffahrtsmuseum (Osterferien–Okt. und Weihnachtsferien Mo–Sa 10–12, Mo–Do auch 15–17 Uhr | 2 Euro)* im Haus der Insel mit Nordseeaquarium präsentiert u. a. Schiffsmodelle, Buddelschiffe und eine Sammlung künstlerisch gravierter Walzähne. Die *Evangelische Kirche (Kirchstr. | tagsüber geöffnet)* schmückt ein surrealistisches Altarbild von Hermann Buß.

Schön ist die 2 km lange Wanderung durch das 300 m breite Pirolatal zwischen den Dünen. Ziel einer Radwanderung ist die *Meierei (Mi–Mo 10.30–17.30 Uhr | €)*, ein Ausflugslokal im Inselosten. Gut essen können Sie im *Sonnenhof (Gerksin-Spoor 6 | Tel. 04972/713 | tgl. | €€)*, dem ehemaligen Wohnhaus Lale Andersens.

Die Schiffe nach Langeoog sind tidenunabhängig; sie fahren ab Bensersiel *(Auskunft Tel. 04971/928 90 | www.langeoog.de)*.

GREETSIEL

[114 C3] ★ **Das über 600 Jahre alte Greetsiel (1500 Ew.), Hauptort der Landschaft Krummhörn mit 19 Dörfern, ist die Perle unter den ostfriesischen Sielhafenorten.** Mit 27 hier beheimateten Krabbenkuttern ist das Städtchen sehr geschäftig; zugleich sorgen historische Häuserzeilen aus dem 17. und 18. Jh., mit Ziegelsteinen gepflasterte, fast autofreie Straßen, interessante Läden und niveauvolle Restaurants aber auch für romantische Urlaubsatmosphäre. Auf den Wasserläufen, die ins Hinterland führen, können Sie Tretboot und Kanu fahren.

■ SEHENSWERTES ■
BOOTSVERLEIH UND KANALFAHRTEN
Verleih von Tret- und Ruderbooten, Kanus und Kajaks. Außerdem etwa einstündige Fahrten über Tiefs und Kanäle der Krummhörn mit qualifi-

Im Kutterhafen Greetsiel kommen die kleinen Krebse kulinarisch ganz groß raus

OSTFRIESLAND

zierten Erklärungen. *Ostern–Okt. mehrmals tgl. | Tel. 04926/763*

BUDDELSCHIFFMUSEUM
Über 500 Buddelschiffe aus aller Welt. *Mühlenstr. 23 | Tel. 04926/918 50 | April–Okt. tgl. 11–18 Uhr | 3 Euro*

NATURKUNDLICHE WANDERUNGEN
Mitarbeiter des Nationalparkhauses bieten Wanderungen und Fahrradtouren an: durch das Naturschutzgebiet Leyhörn, durchs Watt, über die Salzwiesen oder zur Vogelbeobachtung. *Mo 15 und Do 10.30 Uhr | Tel. 04926/20 41 | www.nationalparkhaus-greetsiel.de*

POPPINGA'S ALTE BÄCKEREI
Bäckereimuseum, Teestube und Kunstgalerie am Hafen. *Sielstr. 21 | Tel. 04926/13 93 | Ostern–Okt. tgl. 11–19 Uhr, Nov.–Ostern nur Fr und So | Eintritt frei*

ZWILLINGSMÜHLEN
Zwei zweistöckige Galerieholländer aus dem 18. und 19. Jh., die eine rot, die andere grün, stehen am grünen Ufer des Neuen Greetsieler Tiefs. Die rote Mühle kann besichtigt werden *(Apr.–Okt. Mo–Sa 7.30–18, So 12–18, Nov.–März Mo, Mi–Fr 7.30–17, Sa 7.30–13 Uhr | www.zwillingsmuehlen.de | 1,40 Euro)*, hier gibt es auch ein Mühlencafé. Die andere Mühle bietet als Galerie Bücher und Bilder zum Kauf an.

ESSEN & TRINKEN

SIELGATT
Durchgehend geöffnetes Restaurant in zwei der ältesten Häuser mit vielen

Rotgrüne Eintracht: die Zwillingsmühlen am Ufer des Greetsieler Tiefs

Tischen auf dem Marktplatz. Umfangreiche Speisekarte mit Salzwiesenlamm und vielen Matjesvariationen. *Am Markt 4–6 | Tel. 04926/369 | tgl. | €€*

WITTHUS ▶▶
Eines der besten Restaurants ganz Ostfrieslands. Von Aalrauchmatjes bis zu Lamm- und Entenfilets auf Thymian-Steinpilz-Sauce reicht das Angebot. Die Saisonkarte wechselt monatlich: Im Mai lockt sie z. B. mit Schollen, im November mit dem ersten Grünkohl und im Dezember mit Wildgerichten. *Kattrepel 5–9 | Tel. 04926/920 00 | außerhalb der Saison Mo sowie Di–Do mittags geschl. | www.witthus.de | €€€*

GREETSIEL

■ EINKAUFEN
KUNST & ANTIQUITÄTEN KORTH
Das Angebot des Geschäfts reicht von Porzellan und Gläsern bis hin zu Fischermöbeln. *Mühlenstr. 14 | Osterferien–Okt. Mi–Fr 14.30–17.30, Sa 11–13 und 14–17, So 14–17, Nov.–Osterferien Sa 11–13, So 14–17 Uhr*

04926/339 | Fax 23 78 | *www.zum-alten-siel.de* | €

HOHES HAUS
Stimmungsvolles Hotel in historischen Mauern (17. Jh.) nahe dem Hafen. *33 Zi. | Hohe Str. 1 | Tel. 04926/18 10 | Fax 181 99 | www.hoheshaus.de* | €€–€€€

Von der Windmühle in Rysum geht der Blick weit über die Krummhörn

TURMALIN SCHMUCKWERKSTATT
Hier finden Sie preiswerte und originelle Stücke, alle im Laden selbst hergestellt. *Sielstr. 1*

■ ÜBERNACHTEN
Insider Tipp
ZUM ALTEN SIEL
Zentral am Markt und Hafen gelegen. Am schönsten ist Zimmer Nr. 2: Hier gehen vier Fenster zum Hafen hinaus. *8 Zi. | Am Markt 1 | Tel.*

■ AM ABEND
HAFENKIEKER ▶▶
Insider Tipp
Urige Kneipe direkt am Kutterhafen, in der die Fischer noch ihren Stammtisch haben. 24 Plätze auf der Terrasse, 45 drinnen. *Am Hafen 1 | tgl.*

■ AUSKUNFT
Zur Hauener Hooge 15 | 26736 Greetsiel | Tel. 04926/918 80 | Fax 20 29 | www.greetsiel.de

> www.marcopolo.de/ostfriesland

OSTFRIESLAND

ZIELE IN DER UMGEBUNG

CAMPEN [114 C4]

An der Landstraße, die Campen streift, illustriert das *Ostfriesische Landwirtschaftsmuseum (Tel. 04927/ 93 95 23) | Mitte Mai–Mitte Okt. Di– Fr 10–13 und 14–17, Sa/So 14–17, in den Oster- und Herbstferien Di–So 14–17 Uhr | www.olmc.de | 3 Euro)* die Landwirtschaftstechnik der 1930er- bis 1950er-Jahre. Am Museum zweigt eine Stichstraße zum ❄ Campener Leuchtturm von 1892 ab mit seiner Aussichtsplattform *(Tel. 04926/91 88 19 | Oster-, Sommer- und Herbstferien Mo–Sa 14–17, So 11–17, sonst April–Okt. Mo, Di, Do–Sa 14–16, So 11–16 Uhr | www.leuchtturm-campen.de | 2 Euro).*

RYSUM [114 C4–5]

Das schönste Warfendorf der Krummhörn mit seinen schmalen Gassen träumt abseits des Massentourismus vor sich hin. Dass Rysum kreisrund ist, erkennt man nur, wenn man es auf der Äußeren Ringstraße umrundet, die am Wegweiser zum Parkplatz und zum Landgasthaus Rysumer Plaats beginnt. Im Dorf stehen eine wiederaufgebaute *Windmühle (Schlüssel im Mühlenhaus nebenan)* mit intaktem Mahlwerk und eine *Kirche* aus dem 15. Jh., deren Orgel von 1457 als älteste noch bespielbare der Welt gilt.

NORDEN UND NORDDEICH

[115 D2] Norden (25 000 Ew.) ist Ostfrieslands älteste Stadt. Als Ausflugsziel ist sie wegen ihrer Museen und historischen Bauten einen Besuch wert. Der zu Norden gehörende, knapp 5 km nordwestlich gelegene Küstenort Norddeich ist der geschäftigste Fährhafen Ostfrieslands. Neubauten prägen das Bild, darunter viele Kurkliniken.

SEHENSWERTES

AUTOMOBIL-SPIELZEUGMUSEUM

50 historische Motorräder, Kreidler-Sonderausstellung, Porsche-Autos aus 50 Jahren, Käfer, Trabis und mehr, dazu große Spielzeugautoausstellung. *Norden | Ostermarscher Str. 29 (nahe Zufahrt zum Flugplatz) | Tel. 04931/918 79 11 | April–Okt. tgl., Nov.–März Sa/So 11–18 Uhr | www.automuseum-nordsee.de | 4,50 Euro*

MARITIM MUSEUM

Detailgetreue Modelle vieler Krabbenkutter und anderer Schiffe, Buddelschiffe. Einige können auch gekauft werden. *Norddeich | Backersweg 2 | Tel. 04931/87 50 | Mai–Okt. Mo–Do 14.30–18 Uhr | 2 Euro*

MUSCHEL- UND SCHNECKENMUSEUM IN DER FRISIA-MÜHLE

Das Museum im zweiten Stock der Mühle zeigt 800 Muscheln und Schnecken aus aller Welt, darunter eine australische Mördermuschel. *Norden | In der Gnurre 40 | Tel. 04931/126 15 | Oster- bis Herbstferien Di–Fr 14.30–18 Uhr | 1,50 Euro*

OSTFRIESISCHES TEEMUSEUM MIT MUSEUM FÜR VOLKSKUNDE ⭐

Gleich zwei interessante Museen sind im historischen Rathaus der Stadt aus der Mitte des 16. Jhs. untergebracht. Das Heimatmuseum illustriert Handel, Handwerk und Nor-

54 | 55

NORDEN UND NORDDEICH

der Wohnkultur im 18. und 19. Jh., im Teemuseum dreht sich alles um das ostfriesische Nationalgetränk. *Norden | Am Markt 36 | Tel. 04931/121 00 | März–Okt. Di–So 10–17, Juli/Aug. auch Mo 10–17 Uhr | www.teemuseum.de | 2,50 Euro*

ST.-LUDGERI-KIRCHE

Ostfrieslands größte mittelalterliche Kirche besteht aus einem romanischen Langhaus (13. Jh.) und einem hoch aufragenden gotischen Chor (15. Jh.). Ein akustischer Genuss ist der Klang der restaurierten Arp-Schnitger-Orgel (17. Jh.). *Norden | Am Markt | Mo–Sa 10–12.30, Di–Fr auch 15–17 Uhr, Führungen Di und Do 16 Uhr, Gottesdienst So 10 Uhr*

SCHÖNINGHSCHES HAUS

Schönstes Haus der Stadt ist das 1576 im Stil der Renaissance errichtete, vierstöckige Patrizierhaus mit seinem reich geschmückten Staffelgiebel. *Norden | Osterstr. 5*

SEEHUNDAUFZUCHT- UND -FORSCHUNGSSTATION IM NATIONALPARKHAUS

Jedes Jahr werden hier zwischen 20 und 50 mutterlos aufgefundene Seehundbabys oder kranke Seehunde so lange gepflegt, bis sie wieder ausgewildert werden können. Wenn nötig, versorgt man hier aber auch verletzte Delphine und Kleinwale. Besucher können die Tiere durch Glasscheiben aus nächster Nähe beobachten und zwei- bis dreimal täglich bei den Fütterungen zusehen. Interessant ist auch das Nationalparkhaus mit seiner großen Sammlung ausgestopfter Vögel. *Norddeich | Dörper Weg 22 | Tel. 04931/89 19 | tgl. 10–17 Uhr | www.seehundstation-norddeich.de | 2 Euro*

THIELE'S COMIC MUSEUM

Inside Tip

Deutschlands erstes Museum dieser Art mit über 30 000 Figuren, Fahrzeugen und Landschaftselementen aus Comicheften und -filmen von Micky Maus über Asterix bis zu Star

Es ist angerichtet: mutterlose Seehundbabys in der Aufzuchtstation des Nationalparkhauses

OSTFRIESLAND

Wars. *Norden | Westerstr. 10 | Tel. 04931/97 51 51 | Mo und Mi–Fr 10–18, Sa/So 14–18 Uhr | www.comicmuseum-ostfriesland.de | 2,50 Euro*

WESTGASTER MÜHLE
Der dreistöckige Galerieholländer aus dem Jahr 1863 ist noch voll funktionstüchtig: Von Juli bis September wird donnerstags von 15 bis 17 Uhr Korn gemahlen. Angegliedert sind eine Teestube und ein Landladen. *Norden | Alleestr. 65 | Mo–Fr 10–12.30 und 15–18 Uhr | Eintritt frei*

ESSEN & TRINKEN
KRABBENKUTTER
Fischgeschäft mit Imbissterrasse, frische Krabben aus eigenem Fang. *Norddeich | Muschelweg 3 | tgl. 9–18.30 Uhr | €*

REGINA MARIS
Restaurant mit kreativer Küche und exzellentem Preis-Leistungs-Verhältnis. Im selben Haus auch das Feinschmeckerrestaurant *Qulinaris (Mo–Mi und mittags geschl. | €€€). Norddeich | Badestr. 7 c | Tel. 04931/189 30 | tgl. | €€–€€€*

UTKIEK ❄
Einfaches, preiswertes Essen. Großartiger Ausblick auf Hafen und Wattenmeer. Durchgehend warme Küche. *Norddeich | Badestr. 1 (auf dem Deich) | Tel. 04931/80 62 | tgl. | €*

EINKAUFEN
DAS KONTOR – WEINE, KOCHEN & MEHR
Mehrfach ausgezeichnete Weinhandlung und Verkauf von hochwertigen Küchenartikeln. *Norden | Großneustr. 8 u. 9 | www.das-kontor-norden.de*

ÜBERNACHTEN
FERIENHOF GERDES

Insider Tipp

Ideal für Familien. Allerlei Tiere, alter Baumbestand, Abenteuerspielplatz, Bauernhofgarten, Blockhausgrill, Fahrräder, eigenes Gewässer zum Spielen. *Westermarscher Str. 20 | Tel. 04931/60 88 | Fax 60 98 | www.ferienhof-gerdes.de | €*

ZUR POST
Über 200 Jahre altes Hotel mit Gaststätte, zentral neben dem Postamt gelegen. Privatparkplatz. *13 Zi. | Norden | Am Markt 3 | Tel. 04931/27 87 | Fax 16 87 28 | www.hotel-zur-post-norden.de | €*

REGINA MARIS ♫
Modernes Hotel im Kurzentrum mit Zimmern für bis zu vier Personen. Wellness- und Beautybereich sowie zwei gute Restaurants im Haus. *62 Zi. | Norddeich | Badestr. 7 c | Tel. 04931/189 30 | Fax 18 93 75 | www.das-froehliche-privathotel.de | €€€*

AM ABEND
META'S MUSIKSCHUPPEN ▶▶
Kultdisko, seit über 40 Jahren direkt hinterm Deich. *Norddeich | Deichstr. 10 | Fr/Sa ab 22 Uhr, während der Hochsaison auch Mi und So*

AUSKUNFT
Dörper Weg 22 | 26506 Norden-Norddeich | Tel. 04931/98 62 00 | Fax 98 62 90 | www.norddeich.de

ZIELE IN DER UMGEBUNG
BERUM   [115 D–E2]
Romantiker wohnen gut und komfortabel in den großen Ferienwohnungen in der schon im 14. Jh. gegrün-

56 | 57

NORDEN UND NORDDEICH

Insider Tipp

deten *Wasserburg Berum (Burgstr. | Tel. 04931/77 55 | Fax 77 54 | www.burgberum.de | €–€€)*, die noch immer in Privatbesitz ist und daher nicht besichtigt werden kann.

JUIST [114 B–C1]

Nach Juist (1700 Ew.) kann man nur an wenigen Tagen im Monat Tagesausflüge unternehmen, da die Fähren hier ganz besonders tidenabhängig sind und oft nur einmal täglich verkehren. Auch sonst steckt Juist voller Besonderheiten: Die Insel ist mit 500 m extrem schmal, dafür aber mit 17 km die längste aller Ostfriesischen Inseln. Und auf keiner anderen Insel sind Pferdekutschen für den Verkehr wichtiger.

Auf Juist gibt es zwei Dörfer: den Hauptort in der Inselmitte und das weiter westlich gelegene Loog. Westlich davon liegt mit dem Hammersee der größte Süßwassersee der Ostfriesischen Inseln. Ein Rundgang vom Hauptdorf um den See und wieder zurück dauert eine Stunde. Das große *Küstenmuseum (Loogster Pad | Tel. 04935/14 88 | April–Okt. Mo–Fr 9–12 und 14–18, Sa 9–12 Uhr, Nov.–März Di/Do 14–17 Uhr | 2,50 Euro)* illustriert die Inselgeschichte, informiert über Erdöl- und Erdgasbohrungen in der Nordsee und zeigt mit der „Friesenstube", wie man im 19. Jh. auf der Insel wohnte.

Besonders gut essen können Sie im Restaurant *Köbes (Strandstr. 8 | Tel. 04935/234 | tgl. | €€€)*. Das schöne Ausflugslokal *Wilhelmshöhe* liegt auf einer Düne im Osten der Insel *(Flugplatzstr. 21 | Tel. 04935/249 | Sept.–Juni Di geschl. | €)*. Inselkeramik wird in der *Inseltöpferei (Gräfin-Theda-Str.)* und dem *Keramik-Atelier im Loog (Loogster Pad)* hergestellt.

Abfahrtshafen nach Juist ist Norddeich-Mole. Der Fahrplan ist stark tidenabhängig *(Auskunft Tel. 04931/98 70 | www.juist.de)*.

> BLOGS & PODCASTS
Gute Tagebücher und Files im Internet

> *www.meineleute.de* – Blogs aus vielen Städten zwischen Elbe und Ems. Einfach Stadtnamen eingeben und weiterschauen. Auch Video-Blogs (Vlogs).

> *www.ostfriesenblog.de* – Blogs mit Niveau zu Themen rund um Sport, Kultur, Szene und Gesellschaft. Mit plattdeutschem Wörterbuch.

> *www.we-love-bremerhaven.de* – Blogring mit reger Beteiligung und teilweise sehr flippigen Inhalten.

> *http://wilhelmshaven-blog.de* – eigentlich von Wilhelmshavenern für Wilhelmshavener gedacht, viele Inhalte sind aber auch für Urlauber durchaus interessant.

> *www.youtube.com* – unschlagbares Angebot an Video-Blogs aus ganz Norddeutschland.

> *www.artestravel.de* – auf dieser Seite bloggt der Autor dieses Buches nach jedem seiner regelmäßigen Ostfriesland-Besuche

Für den Inhalt der Blogs & Podcasts übernimmt die MARCO POLO Redaktion keine Verantwortung.

OSTFRIESLAND

MARIENHAFE [115 D3]

Im ersten Stock des Kirchturms von Marienhafe soll um 1400 Klaus Störtebeker gehaust haben. Heute ist in dem Backsteinturm ein Museum eingerichtet, das Reste eines 250 m langen Sandsteinfrieses mit biblischen Szenen, Fabelwesen und Spottfiguren birgt. Eine Wendeltreppe führt auf die ☀ Aussichtsplattform. *Am Markt | Mai–Sept. Mo–Fr 10–12 und 14–17, So 14–17 Uhr | 1,50 Euro*

MUSEUMSEISENBAHN KÜSTENBAHN OSTFRIESLAND

Auf der 17 km langen Strecke von Norden nach Dornum ziehen historische Diesel- und Dampfloks alte Waggons. Fahrräder können mitgenommen werden. Von Juni bis Oktober sonntags vier Fahrten pro Richtung, außerdem Fahrten zu Ostern, am 1. Mai und an Himmelfahrt. *MKO | Norden | Norddeicher Str. 82a | Tel. 04931/16 90 30 (ab 18 Uhr) | Fax 16 90 65 | www.mkoev.de*

NORDERNEY [115 D–E1]

Aus der goldenen Gründerzeit von Norderney (6470 Ew.) im 19. Jh., als die Insel Sommerresidenz des Hannoveraner Königs war, stammen noch das Kurhaus, das Kurtheater und das Kurhotel. Heute ist Norderney die lebhafteste der Inseln.

Den schönsten Blick genießen Sie von der ☀ *Aussichtsdüne Georgshöhe* an der Strandpromenade oder vom ☀ *Leuchtturm (Mai–15. Okt. tgl. 14–16 Uhr | 1 Euro)* am Flughafen aus. Sehr sehenswert ist das einem Vorbild aus der Zeit um 1800 nachgebaute *Alt-Norderneyer Fischerhaus* mit dem *Heimatmuseum*

Kaffeepause bei viel frischer Luft auf Juist

(Im Argonnerwäldchen | Tel. 04932/ 17 91 | Mai–Sept. Mo–Sa 15–17, So 10–12, Okt.–April Mo, Mi, Fr 15–17 Uhr | 1 Euro). Eine einstündige Wanderung führt auf dem Deich rund um den Südstrandpolder, in dem etwa 40 Vogelarten brüten.

Zumindest einen Tee sollten Sie im ☀ *Caférestaurant Marienhöhe (Tel. 04932/686 | Mo geschl. | €)* an der Strandpromenade genießen, einem originellen Kuppelbau mit zarten Deckenmalereien und phantastischem Meerblick. Hervorragend essen können Sie im Restaurant *Weiße Düne (Tel. 04932/93 57 17 | tgl. | €–€€)* am Ostbadestrand. **Insider Tipp**

Abfahrtshafen nach Norderney ist Norddeich-Mole, der Fahrplan ist tidenunabhängig *(Auskunft Tel. 04932/ 91 30 | www.norderney.de)*.

> HERBES BIER UND GROSSE PÖTTE

Abseits der „Metropolen" Jever und Wilhelmshaven finden Sie noch echte Ländlichkeit

> **Die Region rund um den Jadebusen steckt voller Gegensätze: Während in Wilhelmshaven der Tourismus boomt, geht es in Butjadingen noch ausgesprochen beschaulich zu.**

Im Schloss der Bierstadt Jever wird die ganze Verworrenheit der (ost-)friesischen Geschichte deutlich, in deren Verlauf die Stadt nicht nur zu Friesland und Oldenburg, sondern auch zu Anhalt-Zerbst und für jeweils kurze Zeit sogar zu Dänemark, zu Frankreich und zu Russland gehörte.

Wilhelmshaven hingegen ist eine Neugründung König Friedrich Wilhelms IV. von Preußen. Während Wilhelmshaven zu einem wichtigen Marinestützpunkt wurde, heute außerdem Deutschlands größter Ölhafen ist und große Pläne für die städtische Zukunft hat, ist das Jeverland, scheinbar unberührt vom Lauf der Zeit, ganz ländlich geblieben.

Bild: Alter Hafen von Hooksiel

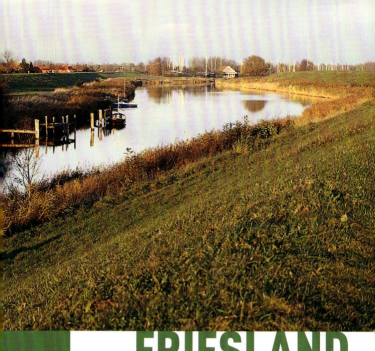

FRIESLAND JADEBUSEN BUTJADINGEN

BUTJADINGEN

[117 D–E5] **Zwischen Jadebusen und Wesermündung liegt die Halbinsel Butjadingen.** Als der Jadebusen zwischen 1334 und 1511 durch mächtige Sturmfluten entstand und bis zur Weser vordrang, machte er das Butjadinger Land zur Insel. Erst durch Eindeichungen stellten seine Bewohner im 16. Jh. wieder eine Verbindung zum südlich gelegenen Stadland her. Die Dörfer auf der Halbinsel bilden heute die Gemeinde Butjadingen. Im übrigen Deutschland ist diese noch sehr ländlich geprägte Ferienregion bisher kaum bekannt.

■ SEHENSWERTES
ECKWARDERHÖRNE

Das zu Eckwarden gehörende Dorf lohnt einen kurzen Besuch, weil Sie hier von der Strandhalle auf dem Deich aus bei klarer Sicht sehr schön

BUTJADINGEN

den ganzen Jadebusen überblicken können.

FEDDERWARDERSIEL

In Butjadingens schönstem Hafen liegen heute noch etwa zehn Krabbenkutter, die bei gutem Wetter bis zur nordfriesischen Insel Amrum fahren, um frischen Granat aus dem Meer zu holen. Die Südseite des Hafens säumen mehrere kleine, alte Gebäude aus dem 19. Jh., als Fedderwardersiel noch ein bedeutender Handelshafen war. Von hier aus startet im Sommer der kleine *Dampfer Wega II (Kapitän Dieter Niessen | Wangerland | Tel. 04425/12 59 und 0172/411 79 02 | Fax 04425/12 98 www.wega2.luechthuus.de)* zu Ausflugsfahrten zu den Seehundsbänken, nach Bremerhaven oder zur größten Kormorankolonie der Nordsee auf einem alten Leuchtturm.

HOF IGGEWARDEN

Inside Tipp

Bauer Reinhard Evers und seine Frau Susanne haben ihren Hof umgestellt: und zwar von der Schweinehaltung auf einen Erlebnisbauernhof mit *Caférestaurant (tgl. | €),* Bernsteintruhe und Hofladen. An einem Tag pro Woche veranstalten sie Landsafaris, bei denen es mit Trecker und Wagen über Weiden und Felder geht. Ein lustiges Hofknechtdiplom kann man ebenfalls erwerben. An einem anderen Wochentag führt das Ehepaar seine Besucher über den Hof und lässt sie auf Ponys reiten. *Zufahrt von der Straße Burhave–Langwarden |*

Im schönsten Hafen von Butjadingen: Krabbenkutter in Fedderwardersiel

> www.marcopolo.de/ostfriesland

UM DEN JADEBUSEN

Tel. 04733/317 | www.hof-iggewarden.de

NATIONALPARKHAUS
MUSEUM BUTJADINGEN

Das Museum in zwei historischen Häusern am Hafen von Fedderwardersiel vermittelt auf drei Etagen Wissenswertes über die Ortsgeschichte, die Halbinsel Butjadingen, den Krabbenfang und das Wattenmeer. Ein Gezeitenmodell veranschaulicht die Entstehung und den Verlauf von Ebbe und Flut; ein anderes Modell erklärt die Entwässerung des Butjadinger Landes, das ja stellenweise unter dem Meeresspiegel liegt. Wechselnde Ausstellungen, Vortragsreihen und Gästeführungen. *Fedderwardersiel | Am Hafen 4 | Tel. 04733/85 17 | 15. März–Okt. tgl. 10–18, Nov.–14. März Di–So 10–17 Uhr | www.museum-fedderwardersiel.de | 2,50 Euro*

■ ESSEN & TRINKEN
NORDSEEBLICK

Das Restaurant mit Café liegt am Hafen. Hier werden Fisch und Krabben praktisch direkt vom Kutter serviert. *Fedderwardersiel | Am Hafen 14 | Tel. 04733/10 21 | tgl. | €€*

ZUM RAUCHFANG

Insider Tipp

Gepflegtes, rustikal eingerichtetes Restaurant mit mehreren Räumen. Durchgehend warme Küche. Spezialität: Schwenkbraten vom Schwein, der ab 17 Uhr (sonntags ab 12 Uhr) im offenen Kamin gegrillt wird. *Sillens | Tel. 04733/717 | Mo, im Winter auch Di geschl. | €–€€*

■ EINKAUFEN
GALERIE AM WEHLDAMM

Zeitgenössische Künstler präsentieren hier ihre Arbeiten: Aquarelle, Skulpturen, Keramik und Computergrafiken zum Beispiel. *Ruhwarden | Sonnenstr. 1 | Tel. 04736/598 | Mi, Do, So 15–18 Uhr*

■ ÜBERNACHTEN
ALTES HAFENMEISTERHAUS

Insider Tipp

Vier sehr modern und geschmackvoll eingerichtete Ferienwohnungen mit 40, 70 und 90 m^2 Wohnfläche in einem historischen Haus direkt am Sielhafen. *Fedderwardersiel | Am Hafen 10 | Tel. 0731/950 38 61 | www.hafenmeisterhaus.de | €–€€*

CENTER PARC BUTJADINGER KÜSTE 🔊

Hotelzimmer und Ferienhäuser im größten Ferienpark an der Küste. Mit

MARCO POLO HIGHLIGHTS

⭐ **Oceanis**
Das virtuelle Erlebnis der Unterwasserwelt in Wilhelmshaven (Seite 73)

⭐ **Seglerheim am Nassauhafen**
In Wilhelmshaven preiswert Fisch essen und nebenbei Jachten bewundern (Seite 73)

⭐ **ffn-Nordseelagune**
Ein völlig neues Nordseegefühl mit Südseestrand, Salzwasserbadesee und Abenteuerspielplatz (Seite 64)

⭐ **Deutsches Marinemuseum**
Ein U-Boot und ein Minenjagdboot der Bundesmarine in Wilhelmshaven besichtigen (Seite 71)

BUTJADINGEN

öffentlich zugänglichem, 4000 m² großem subtropischem Badeparadies. Überdachte Piazza mit Restaurants und Spielplätzen. Frühbucher bekommen bis zu 36 % Rabatt. *Tossens | Strandallee 36 | Tel. 04736/92 80 | www.centerparcs.de | € – €€€*

FERIENDORF ECKWARDERHÖRNE
Feriendorf gleich hinter dem Deich in sehr ländlicher Umgebung. Durch viele verschiedene Haustypen wirkt

Bäuerliches Butjadingen: ideale Gegend für eine zünftige „Landsafari"

es nicht so monoton wie viele andere Feriendörfer. Auf 50–76 m² finden vier bis sechs Personen Platz, die Mietpreise pro Woche liegen zwischen 229 und 619 Euro. *Eckwarderhörne | Tel. 04736/92 00 70 | Fax 92 00 91 | www.ferienhaeuser.de*

■ STRAND
FFN-NORDSEELAGUNE ★
Der 1,8 ha große Salzwasserbadesee liegt zwischen Deich und Watt. Mit hellem Sandstrand wie an der Südsee, Abenteuerspielplatz mit Kletternetz und hölzernem „Wattensteg", der 200 m weit über Wasser oder Schlick führt. *Zwischen Burhave und Fedderwardersiel | Apr.–Okt. tgl. mind. 10–18 Uhr | www.nordseelagune.de, www.ffn-friesenstrand.de | Eintritt 3 Euro (mit Gästekarte 2 Euro)*

■ AUSKUNFT
Strandallee 61 | 26969 Burhave | Tel. 04733/929 30 | Fax 92 93 55 | www.butjadingen-info.de

■ ZIELE IN DER UMGEBUNG
BLEXEN [117 F5–6]
Blexen, durch eine Autofähre mit Bremerhaven verbunden, ist heute ein Ortsteil von Nordenham. Für Kunstfreunde lohnt ein Besuch der Kirche *St. Hippolyt (Deichstr. | Tel. 04731/311 04 | tgl. 7–18 Uhr),* deren älteste Teile aus dem 12. Jh. stammen. Besonders beachtenswert sind die Kanzel (1638), die Orgel- und die Nordempore mit figürlichen Malereien sowie der 1642 aus Sandstein gemeißelte Taufstein.

DEUTSCHE SIELROUTE [117 D–E5]
Zwischen Tossens und Ruhwarden führt der gut markierte Radfernweg als rund 40 km lange Rundfahrt durch Butjadingen. *www.deutsche-sielroute.de*

MOORSEER MÜHLE [117 E6]
2005 restaurierter, funktionstüchtiger dreistöckiger Galerieholländer von 1904. *Abbehausen | Butjadinger Str. 132 | Tel. 04731/889 83 | April–Okt. tgl. 10–17 Uhr, Di/Mi 11 Uhr Backtag, Führung Mi 15 Uhr, Nov.–März nur So 14–17 Uhr | www.museum-moorseer-muehle.de | 2 Euro*

> *www.marcopolo.de/ostfriesland*

UM DEN JADEBUSEN

RODENKIRCHEN [121 F2]

Die kleine Gemeinde birgt in ihrer Kirche *St. Matthäus (Tel. 04732/ 83 93 | tgl. 9–16 Uhr | Spende erbeten)* einen großen kunsthistorischen Schatz: eine Kanzel und einen Altaraufsatz, die zu den Meisterwerken des Holzschnitzers Ludwig Münstermann zählen. Seine ==Darstellung des Abendmahls== *(Insider Tipp)* in der Schauwand des Altars wird durch die illusionistische Räumlichkeit auch weniger Kunstinteressierte faszinieren.

HOOKSIEL

[116 C4] Hooksiel (1800 Ew.) ist der schönste Hafenort am Jadebusen und wartet mit einem besonders umfangreichen Sportangebot auf. Die alten Häuser im Kern des schon im 16. Jh. gegründeten Ortes wurden in den 1980er-Jahren des 19. Jhs. ansprechend saniert; am Alten Hafen stehen noch drei große, früher als Getreidespeicher genutzte Packhäuser von 1827.

Zwischen dem Alten Hafen und dem Jadebusen ist durch Eindeichungen und den Bau einer neuen Schleuse 1974 ein einem Binnensee gleichendes Binnentief entstanden, das 60 ha große Hooksmeer. Auf der Seeseite des hakenartigen Landstreifens, der das Binnentief vom Meer trennt, liegen die ==sandigen Badestrände von Hooksiel mit einem großen FKK-Bereich== *(Insider Tipp)*.

■ SEHENSWERTES

MUDDERBOOT

Am Südufer des Alten Hafens liegt ein 1925 gebautes, hölzernes Mudderboot, das bis 1956 im Einsatz war. „Mudder" oder „Mödder" sind niederdeutsche Wörter für Schlick: Das

Ein Hafen träumt sich in die Vergangenheit zurück: Hooksiel

64 | 65

HOOKSIEL

Boot diente nämlich der Entschlammung der Fahrrinne.

PFERDERENNEN

Trab- und Galopprennen finden auf der Jaderennbahn an etwa vier Mittwochabenden oder Sonntagnachmittagen im Juli und August statt.

ESSEN & TRINKEN
DIE MUSCHEL
Caférestaurant mit verglaster Aussichtsterrasse; hausgemachte eingelegte Bratheringe, selbst gebackene Kuchen und Torten. *Am Yachthafen | Tel. 04425/681 | Nov.–Feb. Mo–Do geschl. | www.muschel-hooksiel.de |* €€

ZUM SCHWARZEN BÄREN
Herbert Klostermann serviert in einem 1765 gebauten Haus u. a. Deichlamm, Labskaus, Fisch und Fleisch vom Lavagrill. *Lange Str. 15 | Tel. 04425/958 10 | Mi geschl. | www.zum-schwarzen-baeren.de |* €€€

EINKAUFEN
GOLDSCHMIEDE SEEWIEFKE
Die Goldschmiedin Claudia Benjes präsentiert hier überwiegend eigene Kreationen. *Lange Str. 27 | Di–Sa 10–18, So 13–17 Uhr*

VIV'ANTIQUE
Antiquitäten aus dem Wangerland und von anderswo. *Lange Str. 10/12 | April–Okt. Mi–So 14–18, Nov.–März Fr–So 11–18 Uhr*

ÜBERNACHTEN
ALTE SCHNEIDEREI
Hotel in einem über 200 Jahre alten, 1996 komplett renovierten Haus nahe dem Alten Hafen. Spezielles Hochzeitszimmer mit Himmelbett. *13 Zi. | Lange Str. 25 | Tel. 04425/18 06 | Fax 99 11 01 | www.hooksiel-hotels.de/schneiderei |* €€

HAFENAPPARTMENTS
Mehrere Apartments für bis zu vier Personen in einem der alten Häuser

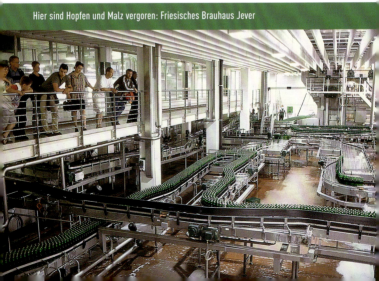
Hier sind Hopfen und Malz vergoren: Friesisches Brauhaus Jever

UM DEN JADEBUSEN

am Hafen. *Vermittlung durch Elsa Jacobs | Tel. 04425/793 | Fax 813 92 | www.jacobs-hooksiel.de | €*

PACKHAUS
Hotel in einem der drei alten Packhäuser am Hafen. Exzellente deutsche und internationale Küche, große Weinkarte, Caféterrasse am Hafen. *6 Zi. | Am Alten Hafen 1 | Tel. 04425/ 12 33 | Fax 99 11 01 | www.hooksiel-hotels.de/packhaus | €€€*

■ AUSKUNFT
Hohe Weg 1 | 26434 Hooksiel | Tel. 04425/958 00 | Fax 95 80 17 | www. wangerland.de

■ ZIELE IN DER UMGEBUNG ■
HOHENKIRCHEN   [116 B4]

Insider Tipp

In der Kirche *St. Sixtus und Sinicius* steht seit 1620 einer der schönsten Altäre Ludwig Münstermanns. In seinem Zentrum stellt der Meister den Moment beim Letzten Abendmahl dar, in dem Jesus voraussagt, dass ihn einer seiner zwölf Jünger verraten wird. Äußerst dramatisch sind Entsetzen und Verzweiflung der Jünger erfasst. *Ostern–Herbstferienende Mo–Fr 9–17 Uhr*

HORUMERSIEL-SCHILLIG   [116 C4]
Horumersiel-Schillig ist das Kurzentrum des Wangerlandes. Im schönen Kurpark spielt fast jeden Tag die Kapelle zum Kurkonzert auf, im modernen Kurzentrum sind vielerlei Anwendungen möglich. Schillig besitzt den schönsten natürlichen Sandstrand zwischen Weser und Ems. Hier darf man sogar in den niedrigen Dünen liegen. Für FKK-Anhänger sind ein Strandabschnitt, ein Bereich

Insider Tipp

des Campingplatzes und Badezeiten im attraktiven Solefreibad mit Innen- und Außenbecken reserviert, die aus einem eigenen, 160 m tiefen Brunnen gespeist werden.

Eins der feinsten Hotels weit und breit ist das in einem alten Gutshof im Landhausstil eingerichtete *Nakuk (15 Zi. | Wiardergroden 22, an der Straße von Horumersiel nach Schmitshörn | Tel. 04426/90 44 00 | Fax 90 44 29 | www.nakuk.de | €€€)* mit Wellness und Gymnastik, kulinarischen Verwöhnmenüs und eigenem Kulturprogramm.

JEVER

[116 B5] **Die Stadt mit 14 000 Ew., deren Namen die Einheimischen mit stimmlosem „v" – also Jefer – aussprechen, ist der Verwaltungssitz des Landkreises Friesland.** Bekannt wurde sie in neuerer Zeit vor allem durch ihr friesisch-herbes Bier. Stadtrechte besitzt die Kleinstadt aber schon seit 1536, als das legendäre Fräulein Maria das Jeverland regierte. Teile des großen Jeveraner Schlosses stammen noch aus ihrer Zeit. Ans Schloss schließt sich eine stimmungsvolle, teilweise noch von ihren historischen Wallgräben umgebene Altstadt an, durch die zu bummeln sich besonders lohnt.

■ SEHENSWERTES ■
JEVER-BRAUEREI
Die 32 m hohen, verspiegelten Glastürme des Friesischen Brauhauses sind zu einem Wahrzeichen der Stadt geworden. Bier wird in dieser Brauerei schon seit über 150 Jahren gebraut, das besonders hopfenreiche und daher herbe Jever-Pilsener seit

JEVER

1934. Bei den etwa zweistündigen Führungen lernen Sie nicht nur die modernen Produktionsanlagen kennen, sondern auch das Brauereimuseum. *Elisabethufer 18 | Tel. 04461/137 11 | Führungen (nur nach Voranmeldung im Jever-Shop) Mo–Fr ca. 10–16 Uhr, Sa 9–14 Uhr | www.jever.de | 6,50 Euro*

Unter der Zwiebelhaube: Schlossturm Jever

SAGENBRUNNEN

Einer der schönsten Brunnen Deutschlands steht seit 1995 auf dem Alten Markt von Jever. Er erinnert figurenreich und ausdrucksvoll an fünf Sagen aus dem Jeverland. Am auffälligsten ist sicherlich das Hexenschiff.

SCHLOSS

Während die Brauereitürme die modernen Wahrzeichen Jevers sind, ist der 61 m hohe ✼ Schlossturm aus dem 18. Jh. mit seiner Zwiebelhaube das historische Wahrzeichen der Stadt. Das Schloss selbst ist viel älter: Im Wesentlichen wurde zwischen 1428 und 1564 gebaut. Das alte Mobiliar wurde in den Wirren der Napoleonischen Kriege 1807 verkauft; von der früheren prächtigen Inneneinrichtung zeugen heute vor allem noch schöne Ledertapeten, einige flandrische Gobelins aus dem späten 17. Jh. und im ehemaligen Audienzsaal eine prächtige geschnitzte Kassettendecke im Stil der Renaissance. Etwa 60 Räume im Schloss dienen jetzt musealen Zwecken. *Eingang Schlossplatz | Tel. 04461/96 93 50 | Juli/Aug. tgl., Sept.–Juni Di–So 10–18 Uhr | Turmbesteigung Mai–Sept. Di–So, Juli/Aug. tgl. 11–17 Uhr | www.schlossmuseum.de | 3 Euro*

STADTKIRCHE

Jevers Stadtkirche wirkt wie ein Zwitter: Der Chor ist spätgotisch, der Rest stammt dagegen erst aus den 60er-Jahren des 20. Jhs. Die alte Stadtkirche war nämlich 1959 abgebrannt, nur der Chor konnte gerettet werden. Darin steht das vielleicht größte Kunstwerk der Stadt: ein prunkvoller, von einem zweistufigen

UM DEN JADEBUSEN

Holzbaldachin überspannter Sarkophag, auf dem eine überlebensgroße Figur des Friesenhäuptlings Edo Wiemken liegt, des Vaters der legendären Jeveraner Herrscherin Fräulein Maria. *Am Kirchplatz | tgl. 8–18 Uhr | wenn geschl. Schlüssel im Gemeindehaus (Am Kirchplatz 13) | Eintritt frei*

ESSEN & TRINKEN
BISTRO NEUE 17
Täglich ab 8 Uhr Frühstück und viele kleine und große Gerichte, werktagmittags ein täglich wechselndes, sehr preiswertes Stammessen. *Neue Str. 17 | Tel. 04461/75 81 56 | tgl. | €*

HAUS DER GETREUEN
Die Stammtischrunde dieses historischen Gasthauses beschloss 1871, Fürst von Bismarck zu seinem Geburtstag 101 Kiebitzeier zu schenken. Den Brauch behielt sie bis zu seinem Lebensende bei – und bekam zwischenzeitlich von ihm einen Kiebitzpokal geschenkt. Der wird noch heute alljährlich von den „Getreuen aus Jever" am 1. April im Gedenken an den früheren Reichskanzler geleert. *Schlachtstr. 1, neben der Brauerei | Tel. 04461/30 10 | tgl. | www.haus-der-getreuen-jever.de | €€*

EINKAUFEN
BLAUDRUCKEREI IM KATTREPEL
Georg Stark hat mehr als 1700 Model gesammelt, in deren Holz Muster eingeschnitzt sind. Damit bringt er eine klebrige Masse, den Druckpapp, auf seine Stoffe aus Leinen, Hanf und Seide auf. Danach werden sie mit Indigo gefärbt und schließlich der Druckpapp abgewaschen. Das weiße Muster unter dem Druckpapp erscheint nach dieser Prozedur auf blauem Grund – auf Halstüchern, Servietten, Tischdecken und sogar auf Kleidern. Die Porzellanfabrik Varel überträgt Starks Muster auch auf Geschirr, das Sie ebenfalls bei ihm kaufen können. *Kattrepel | Mo–Fr 10–13 und 14–18, Sa 10–14 Uhr | www.blaudruckerei.de*

JEVER-SHOP
Etwa 80 Produkte mit dem Emblem der Brauerei: vom Rucksack bis zur

> OSTFRIESISCHES BOULE
Volkssport Boßeln & Klootschießen

Kleine Landstraßen zwischen Weser und Ems sind nicht nur für Autofahrer da: Dort darf auch geboßelt werden. Dabei spielen zwei Mannschaften gegeneinander, die aus fünf bis 15 Spielern bestehen. Es geht darum, eine Holz- oder Gummikugel von etwa 10 cm Durchmesser aus vollem Lauf die Straße entlangzurollen. Sieger ist das Team, das nach einer festgelegten Zahl von Durchgängen die größte Strecke zurückgelegt hat. Meist dauert der Wettbewerb zwei, drei Stunden und führt über 5 bis 10 km. Zum Abschluss sitzt man im Winter oft beim Grünkohlessen zusammen. Beim Klootschießen, das meist auf gefrorenen Feldern gespielt wird, wird eine bleigefüllte, 475 g schwere Holzkugel von einem mobilen Absprungbrett mit Anlauf durch die Luft geschleudert.

68 | 69

WILHELMSHAVEN

Baseballmütze, vom Bierglas bis zur Bistroschürze. *Schlachtstr. 2/Ecke Von-Thünen-Ufer | Mo–Fr 9–18, Sa 9–14 Uhr*

TÖPFEREI BAUMFALK
Werkstatt, Galerie und Verkaufsräume einer der besten Keramikwerkstätten Deutschlands. Gebrauchswaren und künstlerische Tonskulpturen. *Am Kirchplatz 17 | Mo geschl. | www.toepfereibaumfalk.de*

> LOW BUDGET

> *Butjadingen für 1 Euro:* Im April gibt's eine Übernachtung in Hotels und Pensionen schon ab 1 Euro/Person. Hinzu kommt eine Buchungsgebühr von 8,50 Euro. Der Preis gilt nur für eine Nacht, wer länger bleibt, zahlt mehr. *www.eineurourlaub.de*

> *Lady's Night:* Im *Fun & Lollipop* (S. 74) in Wilhelmshaven ist jeden Freitag Lady's Night. Mädchens, wie man hier im Norden sagt, erhalten dann zwei Drinks bis zu je 5 Euro frei. Einmal monatlich ist sogar Lady's Night XXL – dann gibt's einen Verzehrgutschein für 20 Euro und *chili con carne* von 2 bis 3 Uhr kostenlos.

> Auf der Halbinsel Butjadingen und darüber hinaus bringt *Das junge Küstenheft* (2008 erstmals aufgelegt), viele finanzielle Vorteile. Für Museen, Strandkörbe und Fahrräder zahlt man damit zu zweit nur den halben Preis, auf Schiffsfahrkarten und in Geschäften gibts Rabatte. Preis fürs Heft: 5 Euro (mit Gästekarte), sonst 15 Euro. Es ist in der Tourist-Info erhältlich. *www.butjadingen.de*

■ ÜBERNACHTEN
PELLMÜHLE
Sehr persönlich geführtes, kleines Hotel nur mit Nichtraucherzimmern in einer alten Villa, fünf Gehminuten vom Zentrum, günstige „Schnäppchen-Wochenenden". *19 Zi. | Mühlenstr. 55 | Tel. 04461/930 00 | Fax 93 00 93 | www.jever-hotel.de | €€*

WEISSES HAUS
Das kleine, preiswerte Hotel liegt günstig nahe dem Zentrum und nicht weit vom Freibad. *8 Zi. | Bahnhofstr. 20 | Tel. 04461/68 39 | Fax 56 42 | €*

■ AM ABEND
KONZERTE
Im Audienzsaal des Schlosses finden im Sommer etwa alle 14 Tage Kammerkonzerte statt. *Vorverkauf über das Verkehrsbüro*

■ AUSKUNFT
Alter Markt 18 | 26441 Jever | Tel. 04461/710 10 | Fax 892 99 27 | www.stadt-jever.de

WILHELMS-HAVEN

 KARTE IN DER HINTEREN UMSCHLAGKLAPPE

[116–117 C–D 5–6] Wilhelmshaven (82 000 Ew.) war lange ein eher trister Marinestützpunkt und Industriestandort, der von monotonen Häusern aus der Nachkriegszeit geprägt war. Jetzt aber ist es auch touristisch attraktiv: Mit seinen küsten- und meeresbezogenen Museen, seinen Stränden und dem breiten Freizeit- und Unterhaltungsangebot lohnt es auch einen mehrtägigen Aufenthalt.

UM DEN JADEBUSEN

Wilhelmshaven ist eine junge Stadt. 1853 erwarb das Königreich Preußen 313 ha oldenburgisches Gebiet, um darauf seinen Marinestützpunkt an der Nordsee aufzubauen. 1869 weihte König Wilhelm I. den Hafen ein. Ein wirtschaftliches Standbein der Stadt ist seit 1957 der Ölhafen, Deutschlands einziger Tief-

■ SEHENSWERTES
AQUARIUM
Erlebniswelt mit Meer- und Süßwasseraquarien. Der Rundgang ist als Weltreise konzipiert, auf der Sie auch tropischen Landtieren begegnen. *Am Südstrand 123 | Tel. 04421/506 64 44 | tgl. 10–18 Uhr | www.aquarium-wilhelmshaven.de | 8 Euro*

Sehenswert, weil es auch die Sozialgeschichte zeigt: das Marinemuseum

wasserhafen. In 35 Tanks können hier bis zu 1,6 Mio. m^3 Erdöl gelagert werden. Jetzt soll die einzigartige Fahrrinnentiefe von über 22 m genutzt werden, um den modernsten Containerterminal Deutschlands zu schaffen, den Jade-Weser-Port. Er ist für die Containerriesen der Zukunft, für die die Fahrwassertiefe in Bremerhaven, Hamburg und Cuxhaven nicht ausreicht. *www.jadeweserport.de*

BONTEKAI
An der Uferpromenade am Nordufer des Stadtsees liegen das Feuerschiff „Weser" von 1907 und der Tonnenleger „Kapitän Meyer" von 1950, auf dessen Brücke man sich auch standesamtlich trauen lassen kann.

DEUTSCHES MARINEMUSEUM
Das sehenswerteste der Wilhelmshavener Museen illustriert die Ge-

WILHELMSHAVEN

schichte der deutschen Marine (einschließlich jener der Volksmarine der DDR) mit zahlreichen Modellen, Fotos und Dokumenten. Neben Politik und Technik kommt dabei auch die Sozialgeschichte ihrer Angehörigen dabei nicht zu kurz. Deutlich wird das etwa in Fragen wie „Warum meuterten 1918 die Matrosen?", die den Ausstellungen vorangestellt sind. Im Außenbereich des Museums können ein 1967 gebautes U-Boot, der 2003 außer Dienst gestellte Lenkwaffenzerstörer „Mölders" und ein ehemaliges Minenjagdboot der Bundesmarine besichtigt werden. *Südstrand 125 | Tel. 04421/410 61 | April–Okt. tgl. 10–18, Nov.–März 10–17 Uhr | www.marinemuseum.de | 8,50 Euro*

HAFENRUNDFAHRTEN

Fahrten zum Marine- und Ölhafen ab Südstrand (Helgolandkai) werden mit der „MS Harle-Kurier" im Sommer täglich um 11, 13, 15, eventuell auch 17 Uhr angeboten. *Reederei Warrings | Tel. 04464/949 50 | Fax 94 95 30 | www.reederei-warrings.de | 8 Euro*

KAISER-WILHELM-BRÜCKE

Das Wahrzeichen Wilhelmshavens, von den Einheimischen nur K.-W.-Brücke genannt, ist eine fast zierlich wirkende, 159 m lange Drehbrücke aus 758 t Eisen. Seit 1907 verbindet die Konstruktion das Zentrum mit dem Südstrand.

KÜSTENMUSEUM AM BONTEKAI

Das im Sommer 2006 wiedereröffnete Museum mit seiner 1100 m² großen Ausstellungsfläche will vor allem den Natur- und Kulturraum Küste mit seinen Sturmfluten, den Folgen der Klimaveränderung, dem Deich- und Sielbau erklären. Hinzu kommen eine kleine völkerkundliche Sammlung unter dem Titel „Souvenirs von fremden Küsten", ein Ausflug in die Geschichte Wilhelmshavens unter dem Titel „Marinestadt an der Nordseeküste" und eine ausführliche Darstellung des geplanten Jade-Weser-Ports für Großcontainerschiffe. In der Ausstellung „wal.wel-

Oceanis: fundierte Informationen und virtuelle Unterwasserabenteuer

> *www.marcopolo.de/ostfriesland*

UM DEN JADEBUSEN

ten" wird außerdem das 15 m lange Skelett und die präparierten Organe eines 1994 vor der Insel Baltrum gestrandeten Pottwals gezeigt. An Hörmuscheln können Sie Walgesängen lauschen. *Weserstr. 58/Bontekai | Tel. 04421/40 09 40 | April–Okt. tgl. 10–18, Nov.–März Di–So 10–17 Uhr | www.kuestenmuseum-wilhelmshaven. de | 6 Euro*

OCEANIS ⭐

Die virtuelle Unterwasserstation Oceanis war ein deutscher Beitrag zur Expo 1998 in Lissabon. Zur Expo 2000 ging sie nun für immer in Wilhelmshaven vor Anker. Besucher können eine simulierte Fahrstuhlfahrt in 100 m Tiefe miterleben und in einem Motion-Ride-Kino mit dem Oceanis-Jet über und unter Wasser fliegen. Neben diesen beiden virtuellen Abenteuern bietet das Oceanis vor allem vielerlei wissenschaftlich fundierte und interaktive Informationen über die Ökologie und Ökonomie des Meeres. *Bontekai 63 | Tel. 04421/75 50 55 | Mitte März–Mitte Nov. tgl. 10–18 Uhr | www. oceanis.de | 8,90 Euro*

RATHAUS

Der 100 m lange Klinkerbau (1929) des Architekten Fritz Höger, der auch das Chilehaus in Hamburg errichtete, zählt zu den Höhepunkten expressionistischer Architektur in Deutschland. Der Besuch des 49 m hohen ❋ Turms, der als Wasserreservoir genutzt wird, lohnt: Er bietet einen prächtigen Blick über die Stadt und den Jadebusen. *Rathausplatz | Tel. 04421/91 30 00 oder 16 16 37 | Turmfahrten tgl.*

WATTENMEERHAUS

Ein umgebautes Torpedolager aus dem Zweiten Weltkrieg ist jetzt das zentrale Ausstellungsgebäude des Nationalparks Niedersächsisches Wattenmeer. Hier wird der Versuch unternommen, Besucher die Welt dieses einzigartigen Naturraums aktiv erleben zu lassen. Mehr Informationen über das Watt erhalten Interessierte, die viel Zeit investieren wollen, sonst nirgends in der Region. *Südstrand 110b | Tel. 04421/910 70 | April–Okt. tgl. 10–18, Nov.–März Di–So 10–17 Uhr | www.wattenmeer haus.de | 6 Euro*

ESSEN & TRINKEN

PANINOTECA

Insider Tipp

Italien in Wilhelmshaven: Tische und Stühle unterm Glasdach der Nordsee-Passage, dazu vielfältig belegte Brötchen und Ciabattas. *Bahnhofsplatz 1 | Tel. 04421/428 91 | Sa-Abend und So geschl. | €*

SEGLERHEIM AM NASSAUHAFEN ⭐

Ein wenig im touristischen Abseits gelegenes Restaurant mit großer Terrasse direkt an einem Jachthafen. Viele gute Fischgerichte, große Portionen, erstklassiges Preis-Leistungs-Verhältnis. Besonders lecker: Steinbeißerfilet mit Knoblauchöl und Schollen mit Speckwürfeln. *Schleusenstr. 23 | Tel. 04421/431 43 | tgl. | €*

EINKAUFEN

NORDSEE-PASSAGE

Wetterunabhängiges Shoppen und Flanieren auf zwei Etagen am Hauptbahnhof. 60 Geschäfte auf 35 000 m² Fläche, großes Parkhaus. *Bahnhofsplatz 1 | www.nordseepassage.de*

WILHELMSHAVEN

Im Hafen von Dangast: frische Krabben direkt vom Kutter

■ ÜBERNACHTEN

FEUERSCHIFF WESER
Insider Tipp

Origineller können Sie in Wilhelmshaven nicht wohnen: Auf dem 1907 erbauten Feuerschiff werden 14 Kojen in sieben Doppelkabinen vermietet, Dusche und WC liegen auf demselben Deck außerhalb der Kabinen. Ein Restaurant *(außerhalb der Sommerferien Di geschl.)* ist an Bord. *Bontekai an der Kaiser-Wilhelm-Brücke | Tel. 04421/77 21 65 | Fax 80 65 01 | €*

KEIL
Sehr zentral in unmittelbarer Bahnhofsnähe in einer Fußgängerzone gelegenes Hotel garni, auch Nichtraucherzimmer und Betten mit Überlänge. *17 Zi. | Marktstr. 23 | Tel. 04421/947 80 | Fax 94 13 55 | www.hotel-keil.de | €€*

SEESTERN
Das moderne Hotel im Zentrum des maritimen Wilhelmshaven liegt schräg gegenüber vom Marinemuseum direkt auf der Südstrandpromenade. Von allen Zimmern geht der Blick auf den Jadebusen. Der WLAN-Zugang ist sogar vom Standkorb vorm Hotel aus möglich. *17 Zi. | Südstrand 116 | Tel. 04421/941 00 | Fax 94 10 29 | www.hotelseestern.de | €€*

■ AM ABEND

Zentrum des Wilhelmshavener Nachtlebens ist der Börsenplatz mit mehreren Bistros, Kneipen und Musiklokalen.

FUN & LOLLIPOP ▶▶
Hier finden sich gleich zwei Pisten ins Nachtleben unter einem Dach vereint: das Tanzcafé Lollipop und die Disko Fun. *Bahnhofstr. 22 | Tel. 04421/98 25 20 | Mi 21–3, Fr/Sa 21–5 Uhr | www.discofun.de (Website mit Singletreff)*

KINOPLEX
Modernes Kinozentrum mit neun Sälen. *Bahnhofstr. 22 | Tel. 04421/75 56 55 | www.kinoplex.de*

> **www.marcopolo.de/ostfriesland**

UM DEN JADEBUSEN

Insider Tipp

PUMPWERK ▶▶

Das Kulturzentrum in einem ehemaligen Pumpwerk hat bereits eine nicht ganz unerhebliche Tradition: 2006 feierte es sein 30-jähriges Jubiläum. Es ist als Veranstaltungsort für Jazz-, Rock- und Popkonzerte, für Kleinkunstevents, Kabarett und Dichterlesungen im ganzen Nordwesten bekannt. *Banter Deich 1 | Tel. 04421/91 36 90 | www.pumpwerk.de*

■ AUSKUNFT ■

Nordsee-Passage | 26382 Wilhelmshaven | Tel. 04421/91 30 00 | Fax 913 00 10 | www.wilhelmshaven.de

■ ZIEL IN DER UMGEBUNG ■

Insider Tipp

DANGAST [117 D6]

Das Nordseebad *(www.dangast.de)* in der südwestlichen Ecke des Jadebusens lohnt vor allem für Kunstfreunde einen Besuch. In dem Städtchen lebten und arbeiteten in den Jahren von 1907 bis 1912 mehrere bekannte deutsche Expressionisten der Gruppe „Die Brücke", darunter Erich Heckel, Max Pechstein und Karl Schmidt-Rottluff. Und von 1921 bis zu seinem Tod 1983 wirkte hier Franz Radziwill, ein Meister des Magischen Realismus. Viele seiner Werke können Sie heute in seinem ehemaligen *Wohnhaus* anschauen *(Sielstr. 3 | Tel. 04451/27 77 | Mitte März bis Okt. Do–Sa 15–18, So 11–18 Uhr | 3 Euro).*

Auch heute ist Dangast der bildenden Kunst zugetan: Künstler der Gegenwart werden vom Wirt der *Gaststätte Altes Kurhaus* am Deich beim Hafen *(Tel. 04451/44 09 | Fr–So 9–19 Uhr | Infos unter www.nordwestreisemagazin.de/cafes/alteskurhaus.htm)* gefördert; auf dem Außengelände sind einige moderne Plastiken zu sehen, an den Wänden hängen Werke bekannter und unbekannter Maler.

❯ BÜCHER & FILME
Kinderbücher, Krimis, Küche und Comedy sind Trumpf

❯ **Das Haus in den Dünen** – Der Krimi von Ulrich Hefner vom Frühjahr 2008 spielt in Wilhelmshaven und im Wangerland. Erschienen ist er im ostfriesischen Leda Verlag, der durch seine 100 Titel maßgeblich an der Entwicklung des deutschen Nordwestens zum „Mordwesten" beteiligt ist.

❯ **Lükko Leuchtturm** – Ostfrieslands beliebteste Kinderbuchfigur, erfunden von Bernd Flessner, ist der Protagonist in bisher vier reich bebilderten Büchern und einer Weihnachts-Audio-CD aus dem Leda Verlag. *www.luekkoland.de*

❯ **Das Kochbuch aus Ostfriesland** – Annelene von der Haar hat auf 160 in Ostfriesenblau gebundenen Seiten viele traditionelle Rezepte zum Nachkochen und –backen gesammelt.

❯ **Otto – Der Außerfriesische** – In seinem dritten Kinofilm, 1989 produziert, wohnt Drehbuchautor, Hauptdarsteller und Co-Regisseur Otto Waalkes im rot-gelben Pilsumer Leuchtturm. Von dort aus versucht er den Bau einer Teststrecke für Hochgeschwindigkeitszüge zu verhindern. In Gastrollen treten u.a. Loriot und Steffi Graf auf.

> IM BANNKREIS ZWEIER STRÖME UND HANSESTÄDTE

Weite Strände und viel Kultur zwischen zwei jungen Hafenstädten

> Urlaubstage an der Nordseeküste zwischen Bremerhaven und Cuxhaven sind vom Süß- und vom Salzwasser geprägt. Sie verbinden das Erlebnis des offenen Meeres mit dem viel befahrener Flüsse.

In die Wesermündung bei Bremerhaven laufen die Schiffe ein, die Nordenham, Brake oder Bremen ansteuern. In der noch viel geschäftigeren Elbmündung nehmen sie Kurs auf den Nord-Ostsee-Kanal und auf Deutschlands größten Hafen, Hamburg. Die alten Hansestädte Bremen und Hamburg haben das Schicksal dieser Region entscheidend mitbestimmt.

BREMERHAVEN

 KARTE IN DER HINTEREN UMSCHLAGKLAPPE

[118 A5] Bremerhaven (127 000 Ew.) gehört nicht zu Niedersachsen, sondern zum Zwei-Städte-Staat Bremen. Es ist die

Bild: Hafenbollwerk Alte Liebe in Cuxhaven

ZWISCHEN WESER UND ELBE

größte Stadt an der Nordseeküste und nach Hamburg Deutschlands geschäftigster Handelshafen. Seine wichtigsten Standbeine sind heute der Containerhafen und die Autoverladungsanlage, über die ein Großteil der deutschen Automobilimporte und -exporte abgewickelt wird. Außerdem ist Bremerhaven Deutschlands bedeutendser Fischereihafen. Die maritime Ausrichtung der Stadt zeigt sich auch an ihrer Hochschule und an solch renommierten Forschungseinrichtungen wie dem bekannten Alfred-Wegener-Institut für Polar- und Meeresforschung.

■ SEHENSWERTES ■
ATLANTICUM

Das Atlanticum ist kein Meerwasseraquarium im üblichen Stil, sondern eine hochmoderne, spannende und interaktive Multivisionsschau, für die Sie sich Zeit lassen sollten. Nord-

BREMERHAVEN

Leucht- und Radartürme markieren den Mündungstrichter der Weser

AUSSICHTSTERRASSE ATLANTIC HOTEL SAIL CITY

Aus fast 80 m Höhe ist der Blick über Nordseeküste und Meer einfach genial! *Havenwelten | Am Strom 1 | April–Sept. 10–20, Okt.–März 10–17 Uhr | www.atlantic-hotels.de | Eintritt 4 Euro*

CONTAINER-AUSSICHTSPLATTFORM

Von hier aus können Sie gefahrlos die Arbeit im Containerhafen betrachten. *Parkplatz Nordschleuse | März–Okt. frei zugänglich*

DEUTSCHES AUSWANDERERHAUS ⭐

Schon mit der Eintrittskarte verwandelt man sich in einen Emigranten, wartet in Bremerhaven auf sein Schiff, erlebt die stürmische Überfahrt an Bord und die US-Einreiseprozedur in Ellis Island. Erlebniseffekt und wissenschaftliche Information gehen hier eine spannende Verbindung ein. *Columbusstr. 65 | Tel. 0471/90 22 00 | April–Okt. So–Fr 10–18, Sa 10–19 Uhr, Nov.–März tgl. 10–17 Uhr | www.dah-bremerhaven.de | 8,50 Euro*

DEUTSCHES SCHIFFFAHRTSMUSEUM ⭐

Hier kann man die Luxuskabine eines Passagierschiffes aus dem Jahr 1912 sehen und das Mittelschiff eines Seitenraddampfers von 1881 betreten. Der größte Stolz des Museums ist eine 1380 beim Stapellauf auf der Weser gesunkene Hansekogge, die 1962 geborgen wurde. Ein Anbau ist der Sportschifffahrt, der Fischerei und dem Walfang gewidmet. Besondere Attraktion hier ist das 18 m lange Skelett eines Pottwals. Im Museumshafen vor dem Schifffahrtsmu-

seefische schwimmen in einem 150000-l-Aquarium um ein Wrack herum, ein Hörspiel entführt auf die Fischauktion. Ein Gezeitenmodell veranschaulicht in zwölfeinhalb Minuten, was in der Natur zwölfeinhalb Stunden braucht: Ebbe und Flut. Angesiedelt in einer 1996 hierher versetzten Lagerhalle des alten Bremerhavener Fischbahnhofs, in dem auch ein Theater, ein Café, ein Seefischkochstudio und eine Galerie mit Wechselausstellungen untergebracht sind. *Forum Fischbahnhof | Am Schaufenster 6 | Tel. 0471/93 23 30 | tgl. 10–18 Uhr | www.atlanticum.de | 4,10 Euro*

> www.marcopolo.de/ostfriesland

WISCHEN WESER & ELBE

seum liegen mehrere Museumsschiffe, die ebenfalls besichtigt werden können: der Walfänger „Rau IX", der Hochsee-Bergungsschlepper „Seefalke", das Feuerschiff „Elbe 3" und die Dreimastbark „Seute Deern". *Hans-Scharoun-Platz 1 | Tel. 0471/ 48 20 70 | April–Okt. tgl., Nov.–März Di–So 10–18 Uhr, Museumsschiffe nur April–Okt. zugänglich | www. dsm.de | 6 Euro*

HAFENBUS

Ein Doppeldecker-Cabriobus fährt durch den Überseehafen zum Container-, zum Autoterminal und zur Llyodwerft. *Abfahrt ab Museumsschiff Gera und Schifffahrtsmuseum | April–Okt. Mo–Fr 14 und 16.30, Sa/So 11, 14 und 16.30 Uhr, Nov.– März tgl. 14 Uhr | 9,50 Euro*

HAFENRUNDFAHRTEN

Von den Osterferien bis Mitte Dezember ab Anleger Neuer Hafen Süd in die Überseehäfen und ab Seebäderkaje zum Containerterminal und zur Columbuskaje *(Auskunft Tel. 0471/41 58 50 | www.hafenrund fahrt-bremerhaven.de | 8,50 Euro)*. Von April bis Oktober außerdem Rundfahrten durch den Fischereihafen ab Anleger Fischereihafen I Südkaje *(Schaufenster Fischereihafen | Tel. 0471/699 99 22 | 6 Euro)*.

HISTORISCHES MUSEUM/ MORGENSTERN-MUSEUM

In dem modernen Museumsbau an der Geeste illustrieren sieben Ausstellungsschwerpunkte die Geschichte der Region und der Stadt. Viel Wert wird auf die Darstellung der Lebensumstände und der Arbeitsbedingungen der Menschen gelegt. Man erfährt viel über Fischfang und -verarbeitung, über die Überseehäfen und den Containerterminal, über Werften und Schiffbau. *An der Geeste 1 | Tel. 0471/30 81 60 | Di–So 10–18 Uhr | www.historischesmuseum-bremerhaven.de | 4 Euro*

MARCO POLO HIGHLIGHTS

⭐ **Museums-U-Boot Wilhelm Bauer**
Wie eng war es wirklich an Bord eines U-Bootes? Machen Sie selbst die Erfahrung in Bremerhaven (Seite 80)

⭐ **Deutsches Auswandererhaus**
In Bremerhaven können Sie am eigenen Leib erfahren, was Auswanderer erlebten (Seite 78)

⭐ **Zoo am Meer**
In Bremerhavens hochmodernem Tiergarten leben Eisbären, Pinguine und Schimpansen in würziger Seeluft (Seite 80)

⭐ **Wrackmuseum**
Erstaunlich, was alles auf dem Meeresgrund lag – zu sehen in Cuxhaven (Seite 85)

⭐ **Deutsches Schifffahrtsmuseum**
Geschichte und Gegenwart der Seefahrt und eine 600 Jahre alte Hansekogge im Original in Bremerhaven (Seite 78)

⭐ **Insel Neuwerk**
Zu Fuß oder mit dem Wattenwagen hin, zurück mit dem Schiff (Seite 86)

BREMERHAVEN

KLIMAHAUS 8 GRAD OST
Ab März 2009 können Sie hier auf dem 8. Breitengrad alle Klimazonen der Erde von Nordpol bis zum Südpol durchwandern. Dabei bewegen Sie sich in trockener Kälte, feuchter Schwüle und brennender Hitze – und doch nur zwischen Deutschem Schifffahrtsmuseum und Auswandererhaus. *Havenwelten | Projektinfos: www.klimahaus-bremerhaven.de*

LLOYD-WERFT
Die Werft, die auf den Umbau riesiger Kreuzfahrtschiffe spezialisiert ist, können Sie im Rahmen von Führungen von einer ✼ Besucherplattform aus der Vogelperspektive überblicken. Im Besucherzentrum gibt es zahlreiche Informationen über das Werftleben. *ganzjährig Sa/So, Oster-, Sommer- und Herbstferien tgl. 11 Uhr | Tickets online und bei der Tourist-Info | nur mit Personalausweis | www.lloydwerft.com | 8 Euro*

MUSEUMSSCHIFF FMS GERA
Seit 1993 liegt der 1959/60 in Rostock gebaute Seitentrawler im Bremerhavener Fischereihafen. Bis 1980 ging er vor allem im eisigen Nordmeer auf Fang. *Schaufenster Fischereihafen | Tel. 0471/30 81 60 | April–Okt. tgl. 10–18 Uhr | 1,50 Euro*

MUSEUMS-U-BOOT WILHELM BAUER ★
Ein Gang durch das im Zweiten Weltkrieg gebaute, über 76 m lange, aber nur 6,60 m breite Unterseeboot U 2540 macht deutlich, in welcher Enge und mit welchem Lärm und Ölgestank U-Boot-Fahrer auf ihre Höllenfahrten gingen. *Museumshafen | wegen Überholungsarbeiten erst 2009 wieder zugänglich*

ZOO AM MEER ★
Im kleinen, hochmodernen Zoo kann man nicht nur Pinguine, Seehunde und Robben unter Wasser beobachten, sondern sogar Eisbären durch eine Glasscheibe beim Tauchen zusehen. Für gute Unterhaltung sorgen die Schimpansen ebenso wie der Blick von der ✼ Caféterrasse auf den Schiffsverkehr in der Wesermündung. *H.-H.-Meier-Str. 5 | Tel. 0471/30 84 10 | April–Sept. tgl. 9–19,*

Wo die dicken Pötte herkommen: Containerschiff im Werfthafen in Bremerhaven

WISCHEN WESER & ELBE

März und Okt. 9–18, Nov.–Feb. 9–16.30 Uhr | www.zoo-am-meer-bremerhaven.de | 6,50 Euro

ESSEN & TRINKEN

NATUSCH FISCHEREIHAFEN-RESTAURANT

Inhaber Lutz Natusch darf den Fisch für sein authentisch maritim eingerichtetes Restaurant direkt auf der nur 200 m vom Lokal entfernten Bremerhavener Fischauktion ersteigern. *Am Fischbahnhof 1 | Fischereihafen | Tel. 0471/710 21 | Mo geschl. | €€€*

SEUTE DEERN

Auf dem 1919 vom Stapel gelaufenen und 1938 zur Dreimastbark umgebauten Segelschiff kann man heute stilvoll beim leichten Wellengeplänkel speisen. *Museumshafen | Tel. 0471/41 62 64 | Mo geschl. | €€*

EINKAUFEN

Haupteinkaufsstraße der Stadt ist der Bürger, bei Regen das Columbus-Center zwischen Bürger und Museumshafen. Fisch kaufen Sie am besten im Schaufenster Fischereihafen.

MEDITERRANEO

Seit dem Sommer 2008 lädt das mediterrane Erlebniszentrum mit 40 Geschäften und Lokalen zum Shopping ein. Wasserspiele und eine Piazza unter gläserner Kuppel sorgen zusammen mit viel Marmor und Straßenmusikanten für südländisches Flair, die Geschäfte bieten Textilien, Schuhe, Accessoires, Wohn- und Tischkultur aus den Mittelmeerländern. *Havenwelten | www.dasmediterraneo.com*

ÜBERNACHTEN

ATLANTIC HOTEL AM FLÖTENKIEL

Modern, funktional, gutes Parken für Autos und Fahrräder, ca. 5 km vom Museumshafen. 83 Zi. | *Nordstr. 80 | Tel. 0471/80 62 60 | Fax 806 26 26 | www.atlantic-hotel-amfloetenkiel.de | €*

COMFORT-HOTEL

Das moderne Haus liegt am Schaufenster Fischereihafen. Zum Haus gehört neben Sauna und Solarium sogar eine Golftrainingsanlage. *120 Zi. | Am Schaufenster 7 | Tel. 0471/932 00 | Fax 932 01 00 | www.comfort-hotel-bremerhaven.de | €€*

ATLANTIC HOTEL SAIL CITY

Im März 2008 eröffnetes Vier-Sterne-Hotel im neuen architektonischen Highlight der Nordseeküste: dem Hochhaus direkt an der Weser, das wie eine 20-geschossige Miniaturausgabe des berühmten „Burj Al Arab" in Dubai wirkt. 120 Zimmer in den unteren acht Etagen, Captain's Lounge im 19. Stock 74 m über der Weser, Nutzung der Panoramasauna im Zimmerpreis inbegriffen. *Haven-*

BREMERHAVEN

Klein, aber fein: Leuchtturm in Wremen

welten | Am Strom 1 | Tel. 0471/30 99 00 | Fax 30 99 05 00 | www.atlantic-hotels.de | €€€

AM ABEND

GASTHAUSBRAUEREI KOGGEN-BRÄU
Freitags und samstags ist ab 20.30 Uhr Oldienight, mal mit DJ, mal mit Livemusik. *Van-Ronzelen-Str. 18 | Tel. 0471/41 77 88 | Eintritt frei*

THEATER
Das *Stadttheater Bremerhaven (Theodor-Heuss-Platz | Tel. 0471/ 490 01 | www.stadttheaterbremerhaven.de)* zeigt im Großen Haus fast täglich Opern und Musicals, im Kleinen Haus hoch- und niederdeutsche Schauspiele und Komödien. Comedy und Kleinkunst widmet sich das *Theater im Fischereihafen (Am Schaufenster 6)*.

AUSKUNFT
H.-H.-Meier-Str. 6 | 27568 Bremerhaven | Tel. 0471/946 46 10 | Fax 946 46 19 | www.seestadt-bremerhaven.de

ZIELE IN DER UMGEBUNG
DORUM [117 F 4]
Dorum ist zwar einer der ältesten Orte im Land Wursten, hat aber außer seiner Kirche St. Urban, deren älteste Teile noch aus dem frühen 13. Jh. stammen, keinerlei historische Bausubstanz aufzuweisen. Das *Niedersächsische Deichmuseum (Poststr. 16 | Tel. 04742/10 20 | Mai–Nov. tgl. 14–17 Uhr | 1,50 Euro)* im Ortskern informiert über den Deichbau einst und jetzt, über Siele und Sieltore, über Buhnen und Sturmfluten an der Küste.

In der Hafensiedlung Dorumer Neufeld liegt außer Krabbenkuttern und Sportbooten auch ein Nationalpark-Informationsschiff. *Insider Tip* Es bringt im Sommer fast täglich Besucher auf naturkundlichen Fahrten ins Wattenmeer hinaus *(90 Minuten | 7 Euro)*. Informationen dazu erhalten Sie im *Nationalpark-Haus* am Hafen *(Tel. 0474/28 26)*.

Auf der *Dorumer Hafenterrasse*, eine Art Piazza am Hafen, können Sie an Fischbuden, einer Crêperie oder einem Grill Snacks kaufen und an Tischen verzehren *(bei gutem Wetter ca. 11–21 Uhr | €)*.

Auskunft: *Am Kutterhafen 3 | 27632 Dorum | Tel. 04741/96 01 20 | Fax 96 01 41 | www.wursterland.de*

> www.marcopolo.de/ostfriesland

WISCHEN WESER & ELBE

WREMEN [117 F4]
Das Dorf ist einer der historischen Hauptorte im Land Wursten. Nahe der Kirche finden Sie das kleine, liebevoll gestaltete *Museum für Wattenfischerei (Wurster Landstr. 118 | Tel. 04705/12 17 | April–Sept. Di–So 14.30–18, Okt.–März 14.30–17 Uhr | 1,50 Euro),* das zeigt, wie die Küstenbewohner sich früher das Wattenmeer zu Nutze machten.

CUXHAVEN

 KARTE IN DER HINTEREN UMSCHLAGKLAPPE

[118 A2] **Die Stadt an der Elbemündung (53 000 Ew.) ist nach Bremerhaven Deutschlands zweitgrößter Fischereihafen und im Winter Deutschlands einziger Hafen für Fahrten nach Helgoland.** Durch die Zugehörigkeit vieler kleiner Ortsteile wie Duhnen und Sahlenburg, die sehr gute Sandstrände besitzen, spielt zudem der Tourismus für Cuxhaven eine bedeutende Rolle.

■ SEHENSWERTES
ALTE LIEBE ✳
Der zweigeschossige, hölzerne Anleger an der Ausfahrt des Alten Hafens wird nur noch als Aussichtsplattform genutzt. Hier kann man bei schönem Wetter Stunden verbringen, von der weiten Welt träumen und den Schiffsansagen lauschen, die über Herkunft, Ziel und Größe der dicht vorüberfahrenden Schiffe informieren. Ein 10 km langer Strandwanderweg führt von hier an der Kugelbake und den Ortsteilen Döse und Duhnen vorbei bis nach Sahlenburg.

FISCHEREIMUSEUM
Von einem Verein sehr engagiert betreute Ausstellung in zwei ehemaligen Fischverarbeitungshallen. *Ohlroggestr./Reinekeweg | Tel. 04721/ 66 52 62 | Mitte März-Nov. tgl. 10-17 Uhr | Winter unregelmäßig | www. fischereimuseum-cuxhaven.de | 2,50 Euro*

FORT KUGELBAKE
Die 1869 erbaute Festung sollte mit ihren Kanonen bis zum Ersten Weltkrieg feindliche Schiffe am Eindringen in die Elbmündung hindern. *Cuxhaven-Döse, nur im Rahmen von 2-stündigen Führungen zugänglich, Voranmeldung erforderlich | Tel. 04721/40 81 88 | 3 Euro*

▶ DAS AUTOTERMINAL
Deutschlands größter Parkplatz liegt an der Weser

Bremerhaven ist das Drehkreuz für den europäischen Autoimport und -export. Rund 1,9 Mio. Fahrzeuge werden in den Terminals jährlich auf spezielle Autotransporter gefahren oder von ihnen angelandet. Jedes dieser Spezialschiffe kann bis zu 6100 Fahrzeuge transportieren. Im Bremerhavener Hafen stehen für die Neuwagen über 95 000 Parkplätze unter freiem Himmel und in Parkhäusern zur Verfügung. Die Bremerhavener belassen es aber nicht bei der bloßen Entladung: Viele Fahrzeuge werden hier auch noch einmal gründlich poliert oder entsprechend den Bestimmungen im Zielland umgerüstet.

CUXHAVEN

KUGELBAKE

Die 29 m hohe Kugelbake ist das Wahrzeichen Cuxhavens. Ihre Funktion als Seezeichen hat sie in Zeiten moderner Radarlotsung natürlich längst verloren, doch markiert sie auch heute noch den Übergang zwischen offenem Meer und Elbe. *Cuxhaven-Döse*

MUSEUMSFEUERSCHIFF ELBE I

Das Feuerschiff wies von 1948 bis 1988 als schwimmendes Leuchtfeuer in der Elbmündung vor Cuxhaven den vorbeifahrenden Schiffen den Weg. Maschinenraum, Kommandobrücke, Kombüse und Kabinen können Sie besichtigen. *Cuxhaven-Zentrum | Deichstr./Zollkaje | Alte Liebe | Tel. 04721/496 15 | Ostern bis Okt. Di–So 11–16 Uhr | www.feuerschiff-elbe.de | 2,50 Euro*

SCHLOSS RITZEBÜTTEL

Das kleine Backsteinschloss mit seinem schönen Park ist der historische Kern Cuxhavens. Um 1340 baute das einheimische Grundherrengeschlecht Lappe hier einen ersten, steinernen Wohn- und Wehrturm, der 1394 in Hamburger Besitz überging. Die Hamburger bauten ihn aus und fügten 1752 einen Ziegelbau an; 1892 wurde das Schloss noch um ein Gerichtsgebäude ergänzt. Nach sorgfältiger Restaurierung sind nun zahlreiche Innenräume wieder in historischer Gestalt zu besichtigen. *Cuxhaven-Zentrum | Südersteinstr. | Tel. 04721/72 18 12 | Di–Do 9.30–12.30, Di/Do auch 14–16.30, Fr 14–16.30, Sa/So 9.30–12.30 Uhr, Führungstermine tel. erfragen | www.cuxhaven.de/cuxhaven_1129.php und www.schlossverein-ritzebuettel.de | 2 Euro*

Das Museumsfeuerschiff Elbe I sorgt für einen kräftigen Farbtupfer im Hafen von Cuxhaven

WISCHEN WESER & ELBE

STADTMUSEUM

Das Museum nimmt die beiden Etagen eines klassizistischen Kaufmannshauses von 1780 ein. Hier erfahren Sie viel über die Geschichte Cuxhavens und über die deutsche Marinegeschichte seit Kaiser Wilhelm II. *Cuxhaven-Zentrum | Südersteinstr. 38 | Tel. 04721/622 13 | Mo–Fr 9–13, Di–Fr auch 15–18 Uhr, Sa 10–13 Uhr | 1,50 Euro*

STEUBENHÖFT & HAPAG-HALLEN

Wo sich bis 1954 zahllose Auswanderer einschifften, legen heute die Englandfähre und Kreuzfahrtschiffe an. Die dazugehörigen Hapag-Hallen mit den Wartesälen der verschiedenen Klassen können nur im Rahmen von Führungen besichtigt werden. *Tel. 04721/50 01 81 | Termine fast tgl. | www.hapag-halle-cuxhaven.de | Führungen 3 Euro*

WRACKMUSEUM ⭐

In der Deutschen Bucht sind in den letzten 300 Jahren schätzungsweise nicht weniger als 4000 Schiffe gesunken. Das Museum zeigt auf einem Freigelände und auf drei Etagen Wrackteile und andere Funde aus gesunkenen Schiffen. So sieht man z. B. Galionsfiguren, eine 1000 Jahre alte Ladung von Helgoländer Kupferbarren und den Enterhaken eines Piratenschiffes. Torpedos und ein vollständiges Kleinstunterseeboot aus dem Zweiten Weltkrieg sind ebenso ausgestellt wie Porzellan und minimale Kohlen- und Rostreste von der Titanic. *Cuxhaven-Stickenbüttel | Dorfstr. 80 | Tel. 04721/233 41 | Ende März–Okt. Di–Fr 10–18, Sa/So 10–17 Uhr | 3 Euro*

◼ ESSEN & TRINKEN ◼

COSTA NOVA

Insider Tipp

Portugal in Cuxhaven. Nicht nur Fisch, auch Fleisch und Geflügel. *Fischereihafen | Halle V | Woltmannstr. | Di geschl. | €€*

DIE KLEINE FISCHKISTE

Fischgeschäft und -imbiss mit stets fangfrischem Fisch zu echten Hafenpreisen; außerdem Räucherfisch aus eigener Herstellung. *Fischereihafen | Halle X | Niedersachsenstr. | Tel. 04721/227 15 | tgl. 7–21 Uhr | €*

SCHLOSS-RESTAURANT

Chefkoch Andreas Kramer hat sein Handwerk nicht nur an der Küste, sondern auch in Bayern und Baden gelernt. Serviert wird in den Gewölben direkt unter dem Schloss Ritzebüttel. *Schlossgarten 8 | Tel. 04721/50 05 90 | www.schloss-restaurant-cuxhaven.de | Di-Mittag und Mo geschl. | €€–€€€*

◼ EINKAUFEN ◼

Haupteinkaufsstraße im Zentrum ist die Nordersteinstraße; maritime Souvenirgeschäfte finden Sie im Zentrum von Duhnen.

◼ ÜBERNACHTEN ◼

RINGHOTEL SEEPAVILLON DONNER ❄

Von vielen Zimmern in diesem am Anleger Alte Liebe gelegenen Haus haben Sie einen Blick auf die Elbmündung und den Schiffsverkehr auf dem Hauptschifffahrtsweg. Zum Hotel gehören ein Wellnessbereich mit Sauna, Whirlpools und Solarium sowie ein Panoramarestaurant. *50 Zi. | Cuxhaven-Zentrum | Bei der Alten Liebe 5 | Tel. 04721/56 60 | Fax*

CUXHAVEN

56 61 30 | *www.seepavillon-donner. de* | €€€

BADHOTEL STERNHAGEN

In diesem Haus am Duhnener Strand sollen die Gäste schlafen „wie auf einem Luxusliner" an Land. Man genießt einen Panoramablick auf Watt und Meer, kann sich in den drei Restaurants des Hauses und der hauseigenen Confiserie kulinarisch verwöhnen lassen und die Badelandschaft mit Thalassotherapiezentrum nutzen. *47 Zi. | Cuxhaven-Duhnen | Cuxhavener Str. 86 | Tel. 04721/43 40 | Fax 43 44 44 | www.badhotel-stern hagen.de* | €€€

>LOW BUDGET

> Nur aus 65 m Höhe, dafür aber schon für 1 Euro zu haben: Vom *Radarturm am Alten Hafen (Mi–So 10–13 und 13.30–17 Uhr)* aus überblicken Sie Bremerhaven.

> Wer zwischen Wilhelmshaven und Emden Urlaub macht, kommt mit dem *Niedersachsen-Ticket* der Bahn am günstigsten in die Städte Bremerhaven und Cuxhaven. Für eine Person kostet es 19, für bis zu fünf Personen 27 Euro. Gültig ist es werktags von 9–3 Uhr sowie an Wochenenden rund um die Uhr. Zwischen Norddeich und Bremerhaven sparen Einzelreisende so mindestens 43, Paare fast 100 Euro. *www.bahn.de/ regional/view/niedersa/bahnregio nal/freizeit/niedersa_ticket.shtml*

> Montags kostet der Eintritt in den Bremerhavener *Zoo am Meer* für Erwachsene 1,50 Euro und für Kinder 1 Euro weniger als sonst.

MARINA

18 ganz unterschiedliche, moderne Apartments in Häusern direkt am Jachthafen. *Vermittlung durch Ilse Brod | Bachstr. 10 | Tel. 04721/ 55 44 31 | www.cuxhaven-marina.de | €*

SCHIFFSAUSFLÜGE

Es werden viele Schiffsausflüge angeboten: Hafenrundfahrten und Fahrten zu den Seehundsbänken sowie Touren nach Neuwerk, Helgoland und Hamburg oder durch den Nord-Ostsee-Kanal. *NARG | Kapitän-Alexander-Str. 19 | Tel. 04721/725 01 | Fax 72 51 00 | www.hochseeangeln. de; Reederei Cassen Eils | Bei der Alten Liebe 12 | Tel. 04721/322 11 | Fax 311 61 | www.neuwerkreisen.de; FRS Helgoline | Postfach 2626 | 24916 Flensburg | Tel. 0461/86 46 02 | Fax 864 30 | www.helgoline.de*

AUSKUNFT

Cuxhaven-Duhnen | Cuxhavener Str. 92 | 27476 Cuxhaven | Tel. 04721/ 40 41 42 | Fax 40 41 98 | www.cuxha ven.de

ZIELE IN DER UMGEBUNG

INSEL NEUWERK ★ [117 F1]

Kein Besuch im Cuxhavener Land ist vollständig ohne einen Ausflug zur Insel Neuwerk, die zum Bundesland Hamburg gehört. Der Weg selbst ist das größte Erlebnis: Man erreicht die Insel entweder auf einer 10 km langen, geführten Wattwanderung, mit der Wattenkutsche von Duhnen und Sahlenburg oder per Schiff in 90-minütiger Fahrt ab Cuxhaven/Alte Liebe. Man kann die drei Reisearten auch miteinander kombinieren.

WISCHEN WESER & ELBE

Die nur 3 km² große Insel in der Elbmündung ist Teil jenes niedersächsischen Marschenlandes, das im frühen Mittelalter in einer verheerenden Sturmflut unterging. 1299–1310 bauten die Hamburger darauf einen 45 m hohen *Turm* als Seezeichen, der heute der älteste erhaltene Leuchtturm der Welt ist. Über 138 Stufen kann man seine ❉ Aussichtsplattform besteigen; in der ersten Etage liegt die gemütliche *Turmschenke (Tel. 04721/291 42 | €€)*. Eine weitere Sehenswürdigkeit ist der *Friedhof der Namenlosen* nahe dem Beginn des Wattenweges nach Sahlenburg und Duhnen, auf dem jahrhundertelang angespülte Leichen beigesetzt wurden. Ein kleiner Badestrand ist im Norden der Insel zu finden, die Sie in einer Stunde Gehzeit bequem umrunden können.

Auskünfte rund um Neuwerk gibt die Kurverwaltung in Cuxhaven.

NORDHOLZ [118 A3]

Die Gemeinde Nordholz (7300 Ew.) besteht aus sieben ehemals selbstständigen Ortschaften. Luftfahrtbegeisterte lockt das Aeronauticum *(Peter-Strasser-Platz 3 | Autobahnabfahrt Nordholz | Tel. 04741/181 90 | tgl. 10–18 Uhr | www.aeronauticum.de | 4 Euro)* am östlichen Ortsrand von Nordholz. In der Museumshalle wird die Geschichte der Zeppeline anschaulich. Eine kleinere Abteilung illustriert die Geschichte der Marinefliegerei. Im Außengelände sind zwei Hubschrauber der DDR-Volksmarine und zehn Originalflugzeuge von der DO-28 bis zum Starfighter zu sehen.

Einen besonders schönen *Sielhafen*, in dem noch sechs Krabbenkutter beheimatet sind, besitzt *Spieka-Neufeld*. Er ist nicht wie so viele andere von Zement, sondern von grünen Weiden umgeben; vom Anleger bis zum Meer schwingt sich der Siel-

Der Weg ist das Ziel: Kutschfahrt durchs Watt nach Neuwerk

abfluss wie ein Fluss durchs Grün. Am Sielausgang steht das äußerlich einfache *Containerrestaurant Ebbe und Flut (Tel. 04741/23 28 | Mai–15. Sept. tgl. | €)*, das frischen Fisch und Krabben in großen Portionen serviert. Gleich daneben beginnt der Grünbadestrand mit einigen wenigen Strandkörben und einer DLRG-Station.

Wer Trubel schätzt oder nackt baden will, fährt in den Nachbarort *Cappel-Neufeld (FKK-Strand mit Campingplatz | Tel./Fax 04741/17 39 | www.wattenfreunde.de)*.

> EINKAUFSPARADIES IM FELSENWATT

Der „rote Felsen im Meer" ist Deutschlands einzige Hochseeinsel

> 70 km vor der Festlandsküste ragt ein Buntsandsteinfelsen aus der Nordsee, der seine rötliche Farbe einem hohen Eisengehalt verdankt: Helgoland [116 A–B 1–2]. 61 m ist er hoch, 2 km lang und bis zu 600 m breit. Zu Helgoland gehört auch die Düne genannte Nachbarinsel. Sie wurde 1721 durch eine Sturmflut abgetrennt und hat keine ständigen Bewohner. Für Helgoland ist sie wegen ihres Flugplatzes und ihres guten Sandstrandes von Bedeutung; außerdem sonnen sich hier neben den Badegästen auch über 350 Seehunde und Kegelrobben. Die nur 1 km^2 große Hauptinsel mit ihren 1300 Einwohnern und die 0,7 km^2 große Düne ruhen auf einem über 5 km^2 großen Felssockel, der bis in eine Tiefe von 48 m reicht. Weite Teile des Sockels fallen bei Niedrigwasser trocken und bilden ein einzigartiges Felswatt mit einer besonders schützenswerten Flora und Fauna.

Bild: Badedüne auf Helgoland

HELGOLAND

Die Insel gehörte zu Schleswig und zu Dänemark, seit 1807 dann zu England. Der deutsche Kaiser Wilhelm II. tauschte sie gegen seine Ansprüche auf die Insel Sansibar vor der Küste Ostafrikas ein, sodass Helgoland 1890 ins Deutsche Reich eingegliedert werden konnte. Nun wurde es zu einem bedeutenden Marinestützpunkt und musste dafür in beiden Weltkriegen bitter bezahlen: 1945 zerstörten britische Bomben die Insel fast vollständig; weitere Schäden richteten britische Sprengversuche und Bombenabwürfe zu Übungszwecken an. Erst 1952 konnte mit dem Anschluss an die Bundesrepublik der Wiederaufbau beginnen. Heute lebt die Insel vor allem vom Tourismus. Über 2200 Betten stehen zur Verfügung; bis zu 6000 Tagesgäste nutzen im Sommer die Möglichkeit, auf Helgoland steuerbegünstigt einkaufen zu können.

INSELRUNDGANG FÜR TAGESBESUCHER

Die meisten Ausflugsschiffe müssen auf der Reede vor Anker gehen und laufen nicht in den Hafen ein, was das Anlanden ein wenig schwieriger macht. Die Passagiere steigen dann nämlich in Börteboote um: offene Motorboote, die bis zu 50 Personen wacklige Steh- und Sitzplätze bieten. Katamarane legen hingegen im Südhafen an. Vom Börtebootanleger bummeln Sie zunächst durch die Hauptstraße des Unterlands, den Lung Wai, zum Fahrstuhl oder zur 184-stufigen Treppe aufs Oberland. Sie können es auf einem etwa 3 km langen Klippenrandweg umrunden und kommen während dieses Spaziergangs auch an der Langen Anna und am Lummenfelsen vorbei.

SEHENSWERTES

BUNKER
Ein Besuch in den Felsbunkern aus dem Zweiten Weltkrieg ist nur im Rahmen von Führungen möglich. *Mo–Sa 17, So 10 Uhr | Tickets: Helgoland Touristic GmbH*

FALLERSLEBEN-DENKMAL
Die Büste des Hoffmann von Fallersleben (1798–1874) erinnert daran, dass der Dichter 1841 auf Helgoland den Text des Deutschlandlieds schrieb, dessen dritte Strophe zur deutschen Nationalhymne wurde. *Am Beginn des Börtebootanlegers*

FRIEDHOF DER NAMENLOSEN
Mitten in den Dünen von Helgolands Badeinsel haben die Helgoländer schon seit langer Zeit Menschen in Seesäcken beigesetzt, deren Leichen vom Meer angespült worden waren.

HUMMERBUDEN
Reihen farbenfroh gestrichener, kleiner, zweigeschossiger Buden säumen den Weg zum Südhafen. Die ehemaligen Fischerhütten beherbergen heute das Standesamt, Kunstgalerien und Geschäfte.

Die „Lange Anna": Erst die Nordsee machte sie so schlank

> www.marcopolo.de/ostfriesland

HELGOLAND

LANGE ANNA ⭐

Der 48 m hohe, frei stehende Felsen unmittelbar vor der Küste war bis 1860 durch einen natürlichen Felsbogen mit der Insel verbunden. Solche Tore hatte die Brandung immer wieder in die Felsen geschlagen, und immer wieder waren sie eingebrochen. Um das völlige Verschwinden des Helgoländer Wahrzeichens zu verhindern, baute man eine 1300 m lange Uferschutzmauer, die leider keine optische Zierde ist. Sie reicht aber nicht mehr aus, mittlerweile werden neue Schutzmaßnahmen für das Helgoländer Wahrzeichen diskutiert.

LUMMENFELSEN ⭐

Der Lummenfelsen ist Deutschlands kleinstes Naturschutzgebiet. Zwischen Mitte April und Juli nisten hier etwa 2500 Trottellummen-Brutpaare auf extrem schmalen Felsbändern. Jedes Weibchen dieser Alkenart legt nur ein Ei, das so geformt ist, dass es von seinem Ablageplatz nicht herunterrollen kann. Noch bevor die Jungvögel flügge sind, springen sie vom Felsen ins Meer. Diesen einzigartigen „Lummensprung" können Sie von Anfang Juni bis Juli jeweils in der Abenddämmerung am Lummenfelsen erleben. Zu den Lummen gesellten sich im letzten Jahrzehnt zahlreiche Basstölpel als Brutvögel hinzu. Am besten informieren Sie sich zuvor in der *Lummenfelsausstellung (Hummerbude 35 | tgl. 13.15–16 Uhr | Eintritt frei)* des Vereins Jordsand, der mehrmals wöchentlich auch Führungen am Lummenfelsen veranstaltet.

Insider Tipp

MUSEUM HELGOLAND

Das Museum wurde 2006 durch neue Hummerbuden im Hof der Nordseehalle erweitert und bietet so mehr Ausstellungsfläche: Eines der kleinen, bunten Häuschen ist der Helgoländer Postgeschichte gewidmet, zwei andere dem aus Helgoland stammenden Kinderbuchautor James Krüss („Timm Thaler", „Der Sängerkrieg der Heidehasen"). *Kurpromenade | Tel. 04725/12 92 | Di–So 11–15 Uhr | www.museum-helgoland.de | 2 Euro*

VOGELWARTE

Die Vogelwarte auf dem Oberland widmet sich der Erforschung der Zugvögel und beringt im Frühjahr und Herbst etwa 15 000 der auf Helgoland rastenden Vögel. *Führungen Mitte März–Ende Okt. Di und Fr 16.30 Uhr, sonst nach Vereinbarung | Tel. 04725/640 20 | Spende erbeten*

■ ESSEN & TRINKEN ■

ATLANTIS

Ganzjährig geöffnetes Restaurant im Oberland, das stets lebende Helgoländer Hummer sowie Knieper

MARCO POLO HIGHLIGHTS

⭐ **Lange Anna**
Das Wahrzeichen Helgolands aus Buntsandstein ist in Gefahr – die See nagt (Seite 91)

⭐ **Lummenfelsen**
Erleben Sie im Sommer den Lummensprung am Nistplatz der Alken (Seite 91)

(Scheren des Taschenkrebses) vorrätig hat. *Hingstgars 444 | Tel. 04725/ 64 07 16 | Di geschl. | €€–€€€*

GALERIE IM HOTEL INSULANER

Modern eingerichtetes Restaurant mit saisonaler, französischer Küche, geführt von einem französischen Ehepaar. Im Winterhalbjahr nur abends geöffnet. *Am Südstrand 2 | Tel. 04725/64 06 58 | www.insula ner.de | Mitte Sept.–Mitte Juni Di geschl. | €€€*

MOCCA-STUBEN ▶▶

Bar und sehr gutes Restaurant mit schwäbischem Koch. *Hinstgars 447 | Tel. 04725/12 53 | www.mocca-stu ben.de | tgl. | €€*

■ EINKAUFEN ■

Die Preise für Tabakwaren und Spirituosen sind weit gehend einheitlich;

▶LOW BUDGET

▶ Privatzimmer: Wer weniger als 25 Euro pro Person für die Übernachtung ausgeben will, wählt angesichts des hohen Preisniveaus auf der Insel ein Privatzimmer. *Vermittlung durch die Helgoland Touristik GmbH*

▶ Unschlagbar günstig: Für die Übernachtung im mitgebrachten kleinen Zweierzelt auf dem Campingplatz zahlen Sie zu zweit nur *14 Euro pro Nacht (Juli/August 15 Euro).* Für die Zeit vom 1. Juli–15. August ist eine Voranmeldung erforderlich, sonst nur für mehr als drei Übernachtungen. Jugendliche unter 18 Jahren müssen in Begleitung Erwachsener sein. *Tel. 04725/76 95*

Preisunterschiede gibt es jedoch bei Parfums, Süßwaren und Butter. Zollfrei mitnehmen dürfen Personen über 16 Jahre u. a. 200 Zigaretten, 1 l Spirituosen, 5 kg Butter und 50 g Parfum.

■ ÜBERNACHTEN ■
APARTMENTS

Bei längerem Aufenthalt sind Apartments (€) auf der Insel preisgünstiger als Hotels. *Buchung über Helgoland Touristik*

ATOLL ▶▶ 🔊

Insider Tipp

Modernes, helles Designerhotel im Stadtzentrum mit Gourmetrestaurant, Schwimmbad und Sauna. *51 Zi. | Lung Wai 27 | Tel. 04725/80 00 | Fax 80 04 44 | www.atoll.de | €€€*

DÜNENBLICK

Die Pension liegt zentral und dennoch ruhig an der Uferpromenade zwischen dem Börtebootanleger und dem Aquarium. *10 Zi. | Prof.-Heinke-Str. 30 | Tel. 04725/813 50 | Fax 81 35 25 | www.hausduenenblick.de | €€€*

HÜS WEETERKANT

Hotel garni an der Uferpromenade; besonders blumenreiche Frühstücksterrasse auf der Seeseite. Sauna im Haus. *12 Zi. | Am Südstrand 5 | Tel. 04725/81 70 | Fax 817 17 | www.wee terkant.de | €€€*

INSULANER

Das Haus auf der Südseite der Insel besitzt einen eigenen, heckenumwucherten Garten; die Inhaberfamilie bemüht sich sehr um ihre Gäste. *36 Zi. | Am Südstrand 2 | Tel. 04725/*

HELGOLAND

814 10 | Fax 81 41 81 | *www.insulaner.de* | €€€

STRANDHOTEL HELGOLAND
Das vor einigen Jahren von Grund auf renovierte Hotel liegt sehr zentral direkt an der Uferpromenade. Es bietet Betten mit Überlänge, Bar und Restaurant befinden sich im Haus. Sonnenterrasse auf der Seeseite. *31 Zi. | Am Südstrand 16–17 | Tel. 04725/815 30 | Fax 81 53 55 | www.strandhotel-helgoland.de | €€€*

STRAND

Die Strandinsel Düne ist auf drei Seiten von feinem Sandstrand umgeben. Anders als sonst an der Küste kann man hier unabhängig von den Gezeiten immer ins Wasser.

AM ABEND

Normale Kneipen, die auch die Einheimische schätzen, sind ▶▶ *Eiergrog-Stube (Rekwai 419)* und ▶▶ *Bunte Kuh (Hummerbude 29).* Wem nach Bewegung ist beim Ausgehen: Zum Tanzen geht man in die ▶▶ *Tanzbar Krebs (tgl. 20–4 Uhr)* über dem gleichnamigen Café im Oberland oder in die ▶▶ *Tanzbar Acci (21–4 Uhr)* neben dem Aquarium.

AUSKUNFT

Auskunft und Zimmervermittlung, Fahrkarten- und Flugticketverkauf sowie Karten für Veranstaltungen: *Im Rathaus | Lung Wai 28 | 27498 Helgoland | Tel. 01805/64 37 37 | Fax 04725/81 37 25 | www.helgoland.de*

Einst Fischerhütten, heute Geschäfte und Cafés: die bunten Hummerbuden

> PEDALRITTER HINTERM DEICH

Das Fahrrad ist das ideale Fortbewegungsmittel, um eine der schönsten Landschaften Nordwestdeutschlands zu erkunden

Die Touren sind auf dem hinteren Umschlag und im Reiseatlas grün markiert

1 KREUZ UND QUER DURCH DIE KRUMMHÖRN

Die Krummhörn ist mit ihren alten Dörfern und vielen Wasserläufen eine der schönsten Landschaften Nordwestdeutschlands. Diese Radtour führt Sie rund 35 km weit über kleine Nebenstraßen und Wirtschaftswege; Rastmöglichkeiten bieten sich in kleinen Dorfgasthäusern und schönen Cafés. Einen ganzen Tag sollten Sie für diese Tour veranschlagen.

Bild: Häuserfassaden in Greetsiel

Ausgangspunkt ist das schöne Greetsiel *(S. 52)*. Fahren Sie vom Haus der Kurverwaltung die Straße Zur Hauener Hooge entlang westwärts. Kurz hinter dem Ende der Ortsbebauung erreichen Sie den Deich. Ihm folgen Sie jetzt bis zu Otto Waalkes' rotgelbem Pilsumer Leuchtturm. Etwa 1,7 km weiter biegen Sie links in die kleine Straße Zum Diekssiel ein, die Sie durch den Windenergiepark Krummhörn ins Zentrum von Pilsum

AUSFLÜGE & TOUREN

bringt. Der schiefe Vierungsturm der Kreuzkirche *(Führungen Di und Do 11 Uhr)* des idyllischen Warfendorfes ist weithin zu sehen. Nach der Besichtigung des Ortes geht es auf der Hauptstraße, der Neu-Etumer-Straße, in südlicher Richtung weiter an Neu-Etum vorbei. Hinter dem Ortsende biegen Sie nach links in den Ackerburger Weg ein, der Sie ins Warfendorf Visquard mit seiner im Kern schon aus dem 13. Jh. stammenden Kirche bringt *(Schlüssel in der Pastorei neben der Kirche)*.

Verlassen sie Visquard in Richtung Süden und biegen nach etwa 1 km links in die Ubbo-Emmius-Straße ein, so kommen Sie nach Pewsum. Sehenswert ist die Manningaburg im Ortszentrum, eine überwiegend gelb getünchte, winzige Wasserburg aus dem 15. Jh. Heute ist darin ein Burgmuseum untergebracht *(Tel. 04923/91 61 26 | Mitte Mai–Mitte*

Insider Tipp

94 | 95

Okt. Di/Do 10–12.30 und 15–17, Sa/So 15–17 Uhr | 1 Euro). Weiterhin wartet Pewsum mit einem **Mühlenmuseum** *(gleiche Öffnungszeiten | 1 Euro)* und der **Nikolaikirche** aus dem 13./15. Jh. auf. Nach der Besichtigung des Zentrums bringt Sie die Cirksenastraße aus Pewsum hinaus. Hinter dem Ortsende biegen Sie links in den Bettenwehrster Weg ein, überqueren das Neue Greetsieler Sieltief und gelangen schließlich nach **Uttum** mit seiner um 1250 gegründeten, später aber mehrfach veränderten Kirche. Von hier aus bringt Sie die Jennelter Straße ins kleine Dorf **Jennelt** mit seiner Kirche, deren ältester Teil der 700 Jahre alte Turm ist. Von hier ist es nur noch 1 km bis nach **Eilsum** mit einem in Norddeutschland ==einzigartigen, 750 Jahre alten Kirchturm und wertvollen Wandmalereien== im Kircheninnern *(Kirchenschlüssel im Spar-Markt Brands | Brückstr. 1).* Von Eilsum kehren Sie dann über die Greetsieler Straße nach Greetsiel zurück.

Insider Tipp

2 RUNDTOUR AB CUXHAVEN

Diese etwa 45 km lange Rundtour können Sie in Döse ebenso beginnen wie in Duhnen. In beiden Ortsteilen gibt es Fahrradvermieter, die sonntags ab 9 Uhr geöffnet haben. Der Weg ist zwar nicht perfekt ausgeschildert, aber bei etwas Aufmerksamkeit werden Sie sich nicht verfahren. Inklusive Besichtigungen sollten Sie etwa 6 bis 7 Stunden veranschlagen; gute Möglichkeiten zum Mittagessen bieten sich in Nordholz und Lüdingworth.

Fahren Sie durch **Duhnen** auf der Cuxhavener Straße am Meerwasser-Brandungshallenbad vorbei, und biegen Sie danach rechts in den Wehrbergsweg ab, der Sie an den Deich bringt, dem Sie nach links folgen. Draußen im Wattenmeer ist meist deutlich die Insel Neuwerk zu sehen. In **Sahlenburg** bleiben Sie auf der Uferstraße, bis links das große Waldgebiet des **Wernerwaldes** beginnt. Hier biegen Sie auf die Asphaltstraße nach links und nehmen sogleich den parallel verlaufenden Waldweg. Wo die Asphaltstraße den Waldrand verlässt und nach links schwenkt, stößt Ihr Waldweg auf einen anderen Waldweg, dem Sie nun durch den Wernerwald folgen. (Das Verkehrsschild „Durchfahrt für Fahrzeuge aller Art verboten" können Sie missachten: Auf der anderen Seite findet sich der Zusatz „außer für Fahrräder".)

Nach knapp 15 Minuten verlässt der Weg an einem **Bioland-Hofladen** *(Di und Fr 15–18, Sa 10–12.30 Uhr)* den Wernerwald. Jetzt geht es auf schmalen Asphaltstraßen nach Arensch und dann nach Berensch. In **Berensch** biegen Sie nach rechts in die Straße Eschenhörn ein und dann gleich links in die Spieka-Neufelder Straße. Ihr folgen Sie nun. An einer ersten Gabelung ignorieren Sie den kleinen Fahrradwegweiser nach Oxstedt und bleiben auf der breiteren Straße, die bald den Deich erreicht. Am ersten Deichtreppenübergang überblicken Sie die Wesermündung. Kurz darauf erreichen Sie eine weitere Gabelung, an der Sie geradeaus fahren und nach etwa 400 m auf einer kleinen Brücke einen Graben überqueren. Biegen Sie an der zweiten Abzweigung dahinter nach links ab, dann kommen Sie am Golfplatz Hohe Klint vorbei ins Dorf

> *www.marcopolo.de/ostfriesland*

AUSFLÜGE & TOUREN

Oxstedt. Dort überqueren Sie die Hauptstraße, fahren ein kurzes Stück auf der Straße Am Möhlendiek weiter und biegen dann nach rechts in die Straße Am Weddel ab.

Sobald Sie das Ortsschild von **Nordholz** *(S. 87)* erreicht haben, biegen Sie links in den Oxstedter Weg ein, dann geht's nach rechts am Schulzentrum vorbei und nach links in die Schulstraße. Wenn Sie nach links auf der Hauptstraße am Rathaus vorbeifahren, gelangen Sie nach etwa sieben Minuten zum **Aeronauticum** *(S. 87)* von Nordholz, einer der größten Sehenswürdigkeiten der Region, wo Sie auch preiswert Getränke erhalten.

Vom Aeronauticum nehmen Sie die Hauptstraße in Richtung Altenwalde/Cuxhaven. Am grünen Ortsschild von **Altenwalde** folgen Sie dem Wegweiser nach rechts in Richtung Gudendorf durch den Kapellenweg. Links der Straße liegt bald ein jungsteinzeitliches Grab. Der Kapellenweg mündet in Franzenburg auf die Straße nach **Lüdingworth** mit seiner sehenswerten Kirche.

Anschließend geht es auf der Straße, die Sie gekommen sind, zurück bis kurz vor die Autobahnbrücke. Hier biegen Sie nach rechts in den idyllischen Wetternweg ein. Wo dieser Weg dann wieder auf Asphalt mündet, biegen Sie links ab, überqueren die Autobahn und eine Eisenbahnlinie und stoßen schließlich auf die B 73, der Sie nach rechts nach Cuxhaven hinein folgen. Auf Höhe des Schlosses Ritzenbüttel biegt nach links die Westerwischer Straße ab, die Sie über Westerwisch nach **Stickenbüttel** mit einem sehenswerten **Wrackmuseum** *(S. 85)* bringt. Von dort kehren Sie den Wegweisern folgend nach Döse oder Duhnen zurück.

Warum immer Volleyball? Beachhandball am Strand in Cuxhaven-Duhnen

96 | 97

EIN TAG IN EMDEN UND UMGEBUNG
Action pur und einmalige Erlebnisse.
Gehen Sie auf Tour mit unserem Szene-Scout

KUNSTGENUSS AM MORGEN
9:30
Im *Henri's* in der *Kunsthalle Emden* beginnt der Tag genussvoll: Der lichtdurchflutete Bau liegt direkt am Stadtgraben und ragt mit dem blauem Holzbalkon über den Fluss. Am besten gönnt man sich hier ein Schlemmerfrühstück. Noch Lust auf Kultur? Dann einfach die aktuelle Ausstellung in der Kunsthalle besuchen. **WO?** *Hinter dem Rahmen 13 | www.museumsstube.de*

ABGEHOBEN
11:00
Die Propellermaschine wartet! Mit Kribbeln im Bauch geht's aufwärts. Ostfriesland von oben ist bei guter Windstärke besser als jede Achterbahnfahrt. Fotoapparat nicht vergessen.
WO? *Ostfriesische Lufttransport GmbH, Gorch-Fock-Straße/Flugplatz | Tel. 04921/899 20 | Kosten: ab 30 Euro/15 Minuten | www.olt.de*

KAPITÄNS-LUNCH
12:00
Feuerrote Mittagspause! Das knapp hundert Jahre alte Feuerschiff *Amrumbank* liegt im Hafen Emdens und war früher eine Art schwimmender Leuchtturm. Auch heute nützt es den Reisenden auf ganz besondere Weise, denn hier kann man nicht nur das Schifffahrtsmuseum besuchen, sondern auch seinen Hunger stillen. Auf den Teller kommen Gerichte wie Matjes, Grünkohl oder Labskaus.
WO? *Feuerschiff Restaurant, Georg-Breusing-Promenade | www.amrumbank.de*

TIME FOR TEA
14:00
Gut aufpassen, denn im *Teemuseum* in Norden lernt man die Regeln der Ostfriesischen Teezeremonie – und die sind nicht ohne! Erst den Kandis, dann den Tee und zum krönenden Abschluss ein Wölkchen Sahne in die Tasse geben. Aber auf keinen Fall umrühren – der Tee wird traditionell in Schichten getrunken! **WO?** *Am Markt 36 | März bis Okt | Kosten: ab 4 Euro | Mi 14 Uhr und Fr, Sa, So 15 Uhr oder nach persönlicher Absprache | Anmeldung unter Tel. 04931/121 00 | www.teemuseum.de*

24 h

POWER IM WIND
15:30

Beim Kitesurfen ist nun Action angesagt. Keine Ahnung wie das geht? Kein Problem: Bei Michael Vogel und seinem Team lernen Anfänger, den Drachen zu lenken und Könner, ihre Sprünge zu verbessern. Also ins Gurtzeug hängen und Drachen in die Luft! Ein Traum, wenn man das erste Mal mit dem Board über die Wellen gleitet.

WO? *Surfschule Norddeich, Osterstraße 31, Emden | April bis Okt | Anmeldung unter Tel. 0170/960 94 46 | Kosten: 60 Euro für 2 Stunden | www.surfschule-norddeich.de*

18:00
SÜSSER ABEND

Hunger bekommen? Dann ab ins *Grand Café*! Im gemütlichen Loungebereich gibt es kleine, feine Speisen wie zum Beispiel leckere Blaubeerpfannkuchen. Und damit man die abendliche Müdigkeit überwindet, bestellt man sich dazu die Spezialität des Hauses: einen Kaffee mit Aquavit und Sahne.

WO? *Am Stadtgarten 9, Emden | Tel. 04921/288 11*

WACHMACHER
19:00

Bevor beim Clubbing die Nacht zum Tag gemacht wird, schaut man in der *Friesentherme Emden* vorbei. Hier bekommt man eine orientalische Seifenschaummassage. Dabei liegen Wellnessfans auf einem heißen Stein und werden mit einer Massage inklusive Peeling fit gemacht. **WO?** *Friesentherme Emden, Theaterstraße 2 | Kosten: 42,50 Euro für 60 Min | Anmeldung unter Tel. 04921/39 60 00 | www.friesentherme-emden.de*

22:00
PARTYALARM

Im orange-grünen Retroambiente des *Mozo* beginnt die Clubnacht. Zuerst einen Drink an der Bar ordern und danach zu Black, Rock und House abtanzen. Die Stimmung ist angeheizt und hält einen bis zum Morgengrauen auf den Beinen.
WO? *Neuer Markt 20, Emden | www.mozo-club.de*

> DIE NASE IM WIND, DIE FÜSSE IM SCHLICK

Besonders attraktiv sind Ostfriesland und die Nordseeküste für Rad- und Wattwanderer

> Die Gezeiten verhindern mit ihrem ständigen Kommen und Gehen, dass sich Wassersportler so entfalten können wie etwa am Mittelmeer. Ausgleich dafür schaffen die vielen Möglichkeiten zu sportlicher Betätigung im Binnenland und die vielfältigen Freizeitangebote vieler Kurverwaltungen.

ANGELN

Wer eine Sportfischerprüfung nachweisen kann, darf in Binnengewässern angeln. Angelscheine geben Kurverwaltungen oder Gewässerpächter aus. Das Angeln in der Nordsee ist jedermann gestattet. Sehr professionell gestaltete Hochseeangelfahrten werden vor allem an Wochenenden von Hooksiel aus angeboten. Die maximal 45 Teilnehmer bleiben dabei acht bis zehn Stunden auf See. *Reederei Elbeplan | Tel. 04425/17 37 | www.elbeplan.de | 36–39 Euro*

Bild: Wattwanderung von Neßmersiel nach Norderney

SPORT & AKTIVITÄTEN

GOLF

Abschläge und Putten in frischer Nordseeluft, zwischen Düne, Moor und Marsch: In Küstennähe gibt es mehrere gute Golfplätze, die auch Gäste aufnehmen. U.a. gehören dazu: *Golfclub Wilhelmshaven | Fedderwarden (Autobahnausfahrt 4) | Tel. 04423/98 59 18 | www.golfclub-wilhelmshaven.de; Golfclub Hohe Klint | Cuxhaven-Oxstedt | Tel. 04723/27 37 | www.golf-cuxhaven.de*

INLINESKATING & SKATEBOARDFAHREN

Die größte Skatehalle Deutschlands steht in Aurich: die *Playground Skate Hall | Finkenburgweg 9 | Tel. 04941/60 77 70 | www.playground-ev.de.*

KANU- & KAJAKVERLEIH

Kanus und Kajaks für Ein- und Mehrtagestouren mit vielen Stationen in ganz Ostfriesland bietet die *Touristik GmbH Südliches Ostfries-*

Urlaub an der Nordseeküste ist die perfekte Gelegenheit, um segeln zu lernen

land (Leer | Ledastr. 10 | Tel. 0491/91969630 | Fax 91969669 | www.paddel-und-pedal.de). Auch Tourenkombinationen mit Booten und Fahrrädern sind möglich.

NORDIC WALKING

Ostfriesland ist perfekt für die Trendsportart. Besonders gut auf Nordic Walker eingestellt ist das Wangerland: Da gibt es zwei „Nordsee-Nordic-Fitness-Sport-Parks" mit einem ausgedehnten Rundwegenetz verschiedener Schwierigkeitsstufen. 14 insgesamt über 100 km lange Strecken sind ausgewiesen, Trainer stehen bereit. Auskunft: *Hohe Weg 1 | 26434 Hooksiel | Tel. 04425/958 00 | Fax 95 80 17 |* www.wangerland.de

RADWANDERN

Zwischen Elbe und Ems gibt es eine Vielzahl gut markierter Radwanderrouten und viele Radwege. In fast jedem Ferienort können Fahrräder ab 5 Euro pro Tag bzw. 25 Euro pro Woche gemietet werden. Die längste aller Radwanderrouten ist der Europäische Küstenwanderweg rund um die Nordsee. Davon liegen 907 km in Deutschland. Dazu gibt es eine exzellente Website: www.northseacycle.com. Infos auch bei *Die Nordsee GmbH (Tel. 01805/20 20 96).*

Durch Ostfriesland führen die 290 km lange Friesenroute und die 250 km lange Friesische Mühlentour. Beschrieben werden sie und eine Reihe von Tagestouren in Ostfriesland in der Broschüre „Radurlaub". Sie ist kostenlos erhältlich von *Ostfriesland-Tourismus (Ledastr. 10 | 26789 Leer | Tel. 01805/93 83 30 | Fax 938 3 31 |* www.ostfriesland.de). Über alle wichtigen Radrouten im Gebiet zwischen Weser und Ems informiert www.fahrradurlaub.net.

Inside Tipp

REITEN

Reiterhöfe und Reitställe gibt es in großer Zahl. Die Adressen finden Sie in den Ortsprospekten. Gute Auskünfte für alle Reiter, auch solche mit eigenem Pferd, gibt es im Internet unter www.bettundbox.de.

SCHWIMMBÄDER

Fast alle Ferienorte entlang der Küste haben ein Hallenbad, viele auch ein Freibad. Besonders schön ist das *Sea-Spirit-Bad (Strandallee 36 | Tel. 04736/92 80 | tgl. 10–20 Uhr, Sauna Mo–Do 14–21, Fr–So 12–21 Uhr |* www.centerparcs.de *| 15 Euro, mit*

> www.marcopolo.de/ostfriesland

SPORT & AKTIVITÄTEN

Sauna 20 Euro) im Center Parc Butjadinger Küste in Tossens/Butjadingen, ein subtropisches Badeparadies mit Innen- und Außenbereich, mit einer 96 m langen Riesenrutsche, Saunabereich und Brandungswellen.

Eine Besonderheit ist auch das *Dangast-Quellbad (Kurzentrum Dangast | Tel. 04451/91 14 41 | Apr.–Okt. tgl. 9–21, Nov.–März Mo–Fr 14–21, Sa/So 9–21 Uhr | je nach Verweildauer 2,40–7,60 €uro)* mit solehaltigem Wasser aus über 400 m Tiefe, Strömungskanal, 75-m-Riesenrutsche und Dampfsauna.

Das *Erlebnisbad Ocean Wave (Dörper Weg 22 | Tel. 04931/98 63 00 | tgl. 10–21, Sauna 10–22 Uhr | www.ocean-wave.de | je nach Verweildauer 6–9 Euro, incl. Sauna 12,50–15 Euro)* in Norddeich bietet eine 101 m lange Wasserrutsche, Wellenbecken und eine große Saunalandschaft.

SEGELN

Fünf- bis zehntägige Segelkurse haben die *Segelschule Nordsee (Tel. 04425/17 60 | www.nordsee-segelschule.de)* in Hooksiel und in Butjadingen die *Wassersportschule Tossens (Tel. 04736/584 | Fax 16 20 | www.wassersportschule-tossens.de)* im Programm. Wochenendkurse für Inhaber von Sportbootführerscheinen ohne Wattenmeererfahrung offeriert ebenfalls die Segelschule Nordsee in Hooksiel.

WASSERSKI

Auf dem Hooksmeer zieht eine **Insider Tipp** 830 m lange Viermastanlage in etwa zwei Minuten bei 32 km/h bis zu neun Sportler gleichzeitig im Kreis

übers Wasser. *Hooksiel | Tel. 04425/99 01 80 | Apr.–Okt., Betriebszeiten stark gestaffelt, s. Website | www.wasserski-hooksiel.de | je nach Saison 10–12 Euro/Std., Anfängerkurs (2 Std.) 18 Euro*

WATTWANDERUNGEN

Wattwanderungen mit lizenzierten Führern werden in den meisten Küstenorten angeboten. Besonders erlebnisreich sind die Wattwanderungen von Cuxhaven-Duhnen zur Insel Neuwerk, von Harlesiel zur Insel Spiekeroog, von Neßmersiel zur Insel Baltrum, von Norddeich zur Insel Norderney und von Bensersiel zur Insel Langeoog. Auskunft über die Wanderungen zu den Ostfriesischen Inseln bei Wattführer *Martin Rieken (Tel. 04941/82 60, www.wattfuehrer-rieken.de)* und bei den Wattführern *Eiltraut und Ulrich Kunth (Tel. 04933/10 27 | www.wattwanderung-kunth.de).*

WELLNESS

In vielen Ferienorten an der Nordseeküste gibt es ein großes Wellnessangebot. So zahlt man beispielsweise für ein Wellnesspaket mit einer Ganz-, einer Fußreflexzonenmassage und einem Soleperlbad in Dornumersiel 40 Euro. Auskunft in den Ortsprospekten.

WINDSURFEN

Zum Surfen ist das Wattenmeer wegen der starken Gezeitenströmungen nur bedingt geeignet. Ideal zum Kitesurfen ist Cuxhaven, wo Kurse angeboten und Materialien verliehen werden *(Tel. 0171/835 65 83, www.kitesurfschule-cushaven.de).* **Insider Tipp**

102 | 103

> ABENTEUER FÜR KLEINE UND GROSSE LEUTE

Die besten Ideen für Aktivitäten mit der ganzen Familie, bei denen der Spaß der Kleinen ganz groß ist

> Die niedersächsische Nordseeküste ist ein wahres Kinderparadies. Hier gibt es den sprichwörtlichen Sand am Meer und dazu zahlreiche Uferwiesen, auf denen es sich prächtig herumtollen lässt.

In vielen Ferienorten gibt es Aktionsprogramme für Kinder, ebenso wie Hallenbäder, Spielplätze und Spielmöglichkeiten unter wetterfesten Dächern. Restaurants und Gastgeber sind auf Kinder eingestellt, die Fahrradvermieter halten außer Rädern für die Kleinen oft auch Bollerwagen bereit, in denen sie sich von den Großen ziehen lassen können. Darüber hinaus gibt es eine Reihe von Attraktionen, die auch Kinder zu begeisterten Tagesausflüglern werden lassen.

OSTFRIESLAND

FREIZEITPARK LÜTGE LAND ALTFUNNIXSIEL [116 B4]

Hauptattraktion des Freizeitparks sind 46 Modelle bekannter histori-

> www.marcopolo.de/ostfriesland

MIT KINDERN REISEN

scher Bauwerke Deutschlands im Maßstab 1:25. Das Angebot an Fahrgeschäften ist zwar mit den Attraktionen großer Freizeitparks nicht zu vergleichen, dürfte kleineren Kindern aber durchaus Spaß machen. *Friesenkamp | Tel. 04464/17 44 | April–Anfang Sept. tgl. 9–19, Anf. Sept.–Ende Okt. Di–Do und Sa/So 10–18 Uhr | www.luetge-land.de | 8,50 Euro (ab 12 J.), Kinder (3–11 J.) und Senioren ab 60 J. 7,50 Euro*

HAUSTIERPARK WERDUM [116 A4]
Unmittelbar neben dem Haus des Gastes in Werdum liegt dieser kleine Haustierpark mit seltenen und kuriosen Tierarten, in dem exzellente Schrifttafeln Eltern aus Erklärungsnöten helfen. Zu sehen und manchmal auch zu streicheln sind so eigenartige Lebewesen wie Protest- und Wollschweine, Bronzeputen, Angoraziegen und Belgische Bartkaninchen. *Wetter- und saisonabhängig*

104 | 105

geöffnet, meist 9–18 Uhr | *www. werdum.de* | *Eintritt frei*

MINIZUG NORDSEE-EXPRESS
IN NORDDEICH [115 D2]
Alle 45 Minuten startet von den Oster- bis zu den Herbstferien eine offene Strandbahn auf Gummirädern zu einer Rundfahrt, die vom Wellenbad über Strand, Campingplatz und Hafen zurück zum Wellenbad führt. *Abfahrten tgl. 11–17.45 Uhr ab Wellenbad | Rundfahrt 3 Euro, Kinder 2,50 Euro, 2–4 Haltestellen 2 bzw. 1,50 Euro*

Insider Tipp MIRACULUM MACH-MIT-MUSEUM
AURICH [115 F4]
Hier können Kinder vieles selbst künstlerisch gestalten, zukünftige Ausstellungsobjekte herstellen und aktuelle Ausstellungen mit allen Sinnen erleben. *Burgstr. 25 | Tel. 04941/ 18 00 89 | Di–Fr 13–17, Sa/So 11–17 Uhr | www.miraculum-aurich.de | 4 Euro, Familienkarte 11 Euro*

TAKKA-TUKKA-LAND IN
BENSERSIEL [115 F1–2]
Der Sandstrand unterm Glasdach bietet viele originelle Spielgeräte aus der Pippi-Langstrumpf-Welt. *Strandportal (zwischen Hafen und Strand) | Tel. 04971/91 71 46 | Schulferien tgl. 10–17,30, sonst tgl. 14–17.30 Uhr | mit Kur- oder Tagesstrandkarte 1 € (ab 2 J.), ohne sowie außerhalb der Saison Kinder 3 Euro, Erwachsene 1 Euro*

FRIESLAND, JADEBUSEN, BUTJADINGEN

BUTJADINGER SPIELSCHEUNE
BURHAVE [117 E5]
Besonders stolz sind die Butjadinger Touristiker auf eine große, nicht sonderlich schöne, aber helle Halle, in der sich Kinder so richtig austoben können: Kletterpyramide, Riesenrutsche, Trampolin und eine große Sandkiste stehen zur Verfügung, für die Eltern gibt es eine Cafeteria. *Strandstr. | April–Okt. tgl. 10–18 (in*

Mal wieder Schwein gehabt – im Haustierpark Werdum

MIT KINDERN REISEN

den Sommerferien bis 20), Nov.–
März stark schwankend | www.spiel
scheune.com | Erwachsene und Kin-
der mit Gästekarte 3,50 Euro, ohne
4,50 Euro

PIRATENMUSEUM
WILHELMSHAVEN   [117 D6]

Hier wird die Welt des legendären
Seeräubers Klaus Störtebeker unter-
haltsam lebendig. Ebertstr. 88 a | Tel.
04421/40 97 79 | Ende März–Okt.
tgl. 11–17 Uhr, Nov.–Mitte März So
14–18 Uhr | www.piratenmuseum.de
| 3,50 Euro, Jugendliche 2,20 Euro,
Kinder 1,20 Euro

KRABBENKUTTER DAGGI   [117 D6]

Im Wattenmeerhaus in Wilhelmshaven darf der alte Krabbenkutter
Daggi nicht nur von außen betrach-
tet, sondern auch geentert werden.
Kinder können hier selbst das Steuer
in die Hand nehmen und das Rüttel-
sieb der Krabbenfischer bewegen.
Südstrand 110b | Tel. 04421/910 70 |
April–Okt. tgl. 10–18, Nov.–März
Di–So 10–17 Uhr | www.wattenmeer
haus.de | 6 Euro, Kinder 3 Euro, Fa-
milienkarte 13,50 Euro

BULLERMECK-SPIELSCHEUNE
HOOKSIEL   [116 C4]

Hier stehen zahlreiche Sport- und
Spielgeräte, von denen die tobenden
Kleinen in den meisten Fällen sogar
einen Blick auf den Hafen und die
Nordsee haben. Außenhafen Hook-
siel (Schleuse 3) | Tel. 04425/14 44 |
April–Okt. tgl. 10–18, Nov. März
Sa/So 10–18 Uhr | www.buller
meck.de | 4,50 Euro inkl. Heißge-
tränk, Kinder/Jugendliche 6,70
Euro, bis 3 Jahre 3,50 Euro

TIER- UND FREIZEITPARK
JADERBERG   [121 D3]

Außer 500 Tieren wie Affen, Nasen-
bären und Schlangen bietet der Park
auch Fahrgeschäfte für Kinder, darunter eine Achter- und eine Wild-
wasserbahn, und eine überdachte
Spielscheune. Tiergartenstr. 69 | Tel.
04454/911 30 | Ostern–Okt. tgl. 9–18
Uhr, Eintritt: 12 Euro, Kinder
10 Euro, ab 65 Jahre 9,50 Euro;
Nov.–Ostern Mo–Fr 14–18.30, Sa/So
10.30–18.30 Uhr, Eintritt: 4 Euro,
Kinder 6 Euro, ab 65 Jahre 3 Euro |
www.jaderpark.de

ZWISCHEN WESER UND ELBE

PHÄNOMENTA BREMERHAVEN   [118 A5]

In dieser Ausstellung können Kinder
(und Erwachsene) 32 seltsame Phä-
nomene aus Natur und Technik kennen lernen. Hier werfen die Besucher
farbige Schatten, da rollt ein Fass wie
ein Bumerang zum Anstoßgeber zurück, dort löscht ein Trommelschlag
durch seine Schallwellen eine Kerze
aus. Da gerät man durch ganz einfa-
che Experimente immer wieder ins
Staunen. Schaufenster Fischereiha-
fen | Hoebelstr. 24 | Tel. 0471/41 30
81 | tgl. 11–17 Uhr | www.phaeno
menta-bremerhaven.de | 3,20 Euro,
Kinder 1,60 Euro

MINIZÜGE CUXHAVEN   [118 A2]

Offene Strandbahnen auf Gummirä-
dern verbinden von April bis Oktober
die Alte Liebe mit dem Strandbad
Kugelbake und die Kugelbake mit
dem Duhner FKK-Strand. Ein dritter
Miniaturzug fährt vom Ahoi-Erlebnis-
bad durch die Duhner Heide bis
an den Strand von Sahlenburg.

> VON ANREISE BIS WETTER

Urlaub von Anfang bis Ende: die wichtigsten Adressen und Informationen für Ihre Ostfrieslandreise

ANREISE

AUTO
Autobahnverbindung besteht via Bremen mit Emden (130 km), Wilhelmshaven (100 km), Bremerhaven (60 km) und Cuxhaven (100 km) sowie über die A 31 zwischen Duisburg und Emden (265 km). Im Sommer verkehren Autozüge von München und Lörrach nach Bremen.

BAHN
Aus dem Rheinland sowie von Münster und Bremen führen Bahnlinien nach Emden und Norddeich. Von Bremen und Osnabrück kommt man nach Nordenham und Wilhelmshaven, von Bremen und Hamburg nach Cuxhaven und nach Bremerhaven.

FLUGZEUG
Der nächste internationale Verkehrsflughafen ist Bremen.

AUSKUNFT

Zwei Organisationen kümmern sich um die Vermarktung des in diesem Reiseführer beschriebenen Gebiets. Auskünfte über die ganze Region gibt *Die Nordsee GmbH (Olympiastr. 1 | 26419 Schortens | Tel. 04421/ 80 92 34 | Fax 80 92 33 | www.die-nordsee.de)*. Spezialisiert auf die Region zwischen Jade und Ems ist die *Ostfriesland Touristik Gmbh (Le-*

Ihr Reise- und Freizeitportal im Internet!

> Aktuelle multimediale Informationen, Insider-Tipps und Angebote zu Zielen weltweit ... und für Ihre Stadt zu Hause!

> Interaktive Karten mit eingezeichneten Sehenswürdigkeiten, Hotels, Restaurants etc.

> Inspirierende Bilder, Videos, Reportagen

> Kostenloser 14-täglicher MARCO POLO Podcast: Hören Sie sich in ferne Länder und quirlige Metropolen!

> Gewinnspiele mit attraktiven Preisen

> Bewertungen, Tipps und Beiträge von Reisenden in der lebhaften MARCO POLO Community:
Jetzt mitmachen und kostenlos registrieren!

> Praktische Services wie Routenplaner, Währungsrechner etc.

Abonnieren Sie den kostenlosen MARCO POLO Newsletter ... wir informieren Sie 14-täglich über Neuigkeiten auf marcopolo.de!

Reinklicken und wegträumen!
www.marcopolo.de

PRAKTISCHE HINWEISE

dastr. 10 | 26789 Leer | Tel. 0491/ 91 96 96 60 | Fax 91 96 96 65 | www. ostfriesland.de).

EINTRITT

Die Eintrittspreise für Museen und Sehenswürdigkeiten sind in diesem Reiseführer bei den jeweiligen Beschreibungen genannt. Kinder und Jugendliche erhalten meist etwa 50 Prozent Ermäßigung, teilweise gilt das auch für Senioren bzw. Rentner.

FKK

Einen FKK-Strand gibt es in Hooksiel, in Cuxhaven-Duhnen, auf Helgoland sowie auf Borkum und Norderney, einen FKK-Campingplatz in Cappel-Neufeld und in Schillig.

GEZEITENKALENDER

Der Tidenkalender, der die genauen Hoch- und Niedrigwasserzeiten für jeden Tag nennt, ist an der Nordseeküste unerlässlich. Sie erhalten ihn meist kostenlos bei den Kurverwaltungen.

INTERNET

Übergreifende Websites sind www. ostfriesland.de und www.die-nordsee.de. Ansonsten werden interessante Websites in diesem Reiseführer bei den einzelnen Ortsbeschreibungen genannt. Wer schon vorab in regionalen Tageszeitungen lesen will, schaut z. B. auf www.jewo-online.de (Jeversches Wochenblatt), auf www.

cn-online.de (Cuxhavener Zeitung) oder auf www.nordsee-zeitung.de (Nordsee-Zeitung Bremerhaven).

INTERNETCAFÉS

Internetcafés sind vor allem in den Städten zu finden; in den Urlaubsor-

❯ WAS KOSTET WIE VIEL?

❯ TEE	UM 4,50 EURO	für eine Kanne
❯ BIER	UM 3,20 EURO	für 0,3 l vom Fass
❯ ESSEN	UM 10 EURO	für eine Portion Labskaus
❯ IMBISS	UM 3 EURO	für ein Fischbrötchen
❯ STRANDKORB 3–5 EURO		für die Miete pro Tag
❯ AUSFLUG	37 EURO	für eine Helgolandfahrt ab Cuxhaven

ten stellen manche Kurverwaltungen Terminals zur Verfügung. Zwei gute Internetcafés: *Newscafé | Wilhelmshaven | Börsenstr. 42 | Tel. 04421/ 929 10 | tgl. 10–2 Uhr | 1 Euro/Std.; Planet, Cuxhaven | Große Hardewiek 16–20 | Tel. 04721/71 48 11 | Mo–Sa 9–22 | So 12–22 Uhr | 3 Euro/Std.* Viele weitere Internetcafés finden Sie unter www.digitale-chancen.de.

JUGENDHERBERGEN

Entlang der niedersächsischen Nordseeküste stehen rund zwei Dutzend Jugendherbergen. Auskunft gibt das *Deutsche Jugendherbergswerk DJH (Bismarckstr. 8 | 32756 Detmold | Tel. 05231/740 10 | Fax 74 01 84 | www.djh.de).*

KUREN

Viele Ferienorte der Region sind auch staatlich anerkannte Heilbäder und entsprechend mit Kureinrichtungen ausgestattet. Indikationen sind u. a. Erkrankungen der Atemwege, Herz-KreislaufErkrankungen, Allergien, Hormon- und Stoffwechselstörungen, rheumatische und Hautleiden sowie Entwicklungsstörungen bei Kindern.

KURTAXE

Fast alle Küstenorte der Region erheben während der Sommersaison eine Kurtaxe, einige Orte sogar im Winter. Erwachsene zahlen im Sommer meist um 2 Euro pro Tag, Kinder um 0,75 bis 1 Euro. Einige Orte haben in der Vor- und Nachsaison verbilligte Tarife. Auf Helgoland ist es teurer, dafür zahlen Kinder und Jugendliche hier aber gar nichts. Ohne Kurkarte ist der Besuch der Badestrände meist kostenpflichtig. Als Gegenleistung für den Strandeintritt erhält man eine Kur- oder Gästekarte, die zur kostenlosen Benutzung verschiedener Einrichtungen sowie zu ermäßigten Eintrittskarten für Hallenbäder, Museen und Veranstaltungen berechtigen. Keine Kurtaxe und kein Eintrittsgeld zum Strand verlangen Bremerhaven, Emden, Nordholz-Spieka und Wilhelmshaven.

NOTRUF

Polizei *Tel. 110*
Feuerwehr *Tel. 112*

WETTER AUF BORKUM

	Jan.	Feb.	März	April	Mai	Juni	Juli	Aug.	Sept.	Okt.	Nov.	Dez.
Tagestemperaturen in °C	3	4	6	10	15	18	20	20	18	13	8	5
Nachttemperaturen in °C	−1	−1	1	5	8	12	14	14	12	8	4	1
Sonnenschein Std./Tag	1	2	4	5	6	8	6	6	5	3	2	1
Niederschlag Tage/Monat	12	10	8	8	7	8	11	11	11	13	13	12
Wassertemperaturen in °C	4	4	4	6	10	13	16	17	16	13	9	6

PRAKTISCHE HINWEISE

ÖFFENTLICHE VERKEHRSMITTEL

Eine Bahnlinie verbindet Leer mit Emden, Marienhafe, Norden und Norddeich, eine andere Wilhelmshaven, Sande und Jever mit Wittmund und Esens. Außerdem gibt es Zugverkehr zwischen Bremen, Bremerhaven, Wremen, Dorum, Nordholz und Cuxhaven sowie zwischen Bremen, Oldenburg, Sande und Wilhelmshaven.

Die meisten anderen Orte der Region werden durch Buslinien erschlossen. Zwischen Wilhelmshaven und Eckwarderhörne (Butjadingen) verkehrt eine Personen-, zwischen Bremerhaven und Blexen/Nordenham eine Autofähre.

ÖFFNUNGSZEITEN

Die in diesem Reiseführer angegebenen Öffnungszeiten von Museen und Sehenswürdigkeiten können sich ändern und beziehen sich, falls nicht anders angegeben, auf die Hochsaison im Sommer. Falls Sie wegen einer Besichtigung einen Umweg planen oder falls Sie mit einer größeren Gruppe reisen, wird daher ein vorheriger Anruf empfohlen; deshalb haben wir auch die Telefonnummer aufgeführt. An Feiertagen gelten normalerweise die Sonntagszeiten.

REISEZEIT

Die Nordseeküste ist zu jeder Jahreszeit ein lohnendes Ziel. Zwischen Ende Oktober und dem Beginn der Osterferien sind jedoch nicht alle Pensionen und Gästehäuser geöffnet; auch manche Restaurants und Geschäfte sind geschlossen. Sie sollten dann vor einem Besuch anrufen.

STRANDKÖRBE

Strandkörbe können überall im Voraus gebucht werden. Spontanbesucher haben aber auch die Möglichkeit, Strandkörbe tageweise direkt vor Ort zu mieten (ca. 3–5 Euro).

Wo eine steife Brise ist, ist ein Drachen nicht weit: am Strand von Dangast

UNTERKUNFT

Alle Urlaubsorte geben Unterkunftsverzeichnisse heraus, in denen Sie Angaben über Hotels, Pensionen, Campingplätze, Privatzimmer, Ferienhäuser und Apartments finden. Wenn Sie ohne Reservierung reisen – was Sie nur in der Nebensaison tun sollten –, sind Ihnen meist die Touristinformationen bzw. Kurverwaltungen bei der Hotelsuche behilflich.

URLAUB AUF DEM BAUERNHOF

Bauernhöfe und Heuhotels als Urlaubsdomizile vermittelt die *AG Urlaub und Freizeit auf dem Lande e.V. (Lindhooperstr. 63 | 27283 Verden/Aller | Tel. 04231/966 50 | Fax 96 65 66 | www.bauernhofferien.de).*

> Die Seiteneinteilung für den Reiseatlas finden Sie auf dem hinteren Umschlag dieses Reiseführers.

Mit freundlicher Unterstützung von

kein urlaub ohne

holiday autos

gang einlegen, gas geben, urlaub kommen lassen.

holiday autos vermittelt ihnen ferienmietwagen zu alles inklusive preisen an über 5.000 stationen – weltweit.

REISEATLAS OSTFRIESLAND

buchen sie gleich:

→ in ihrem reisebüro
→ unter www.holidayautos.de
→ telefonisch unter 0180 5 17 91 91
   (14 ct/min aus dem deutschen festnetz)

kein urlaub ohne

holiday autos

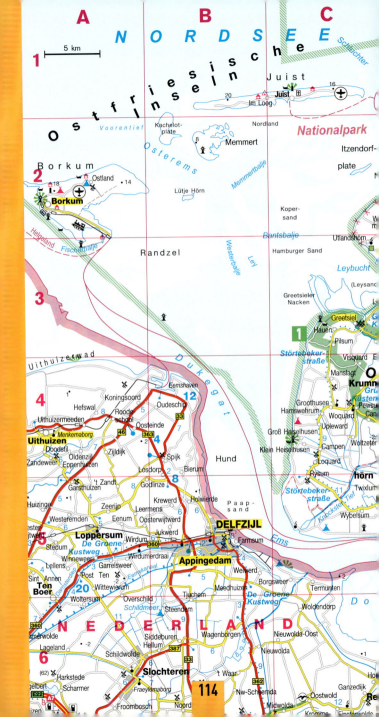

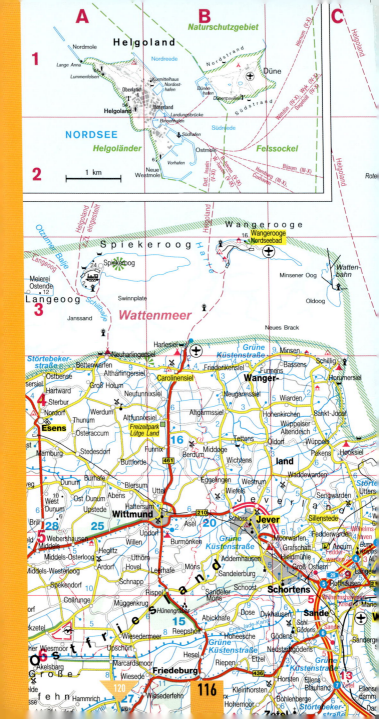

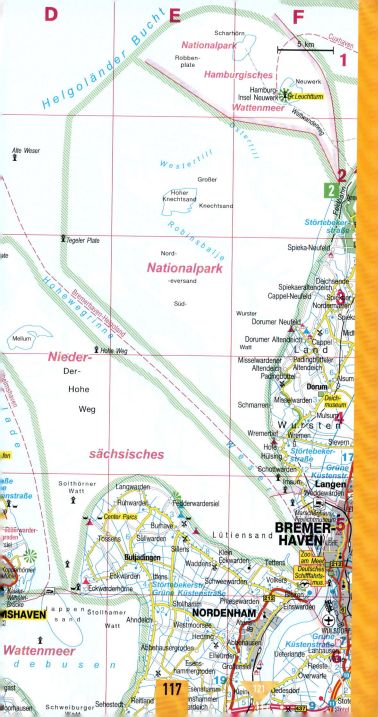

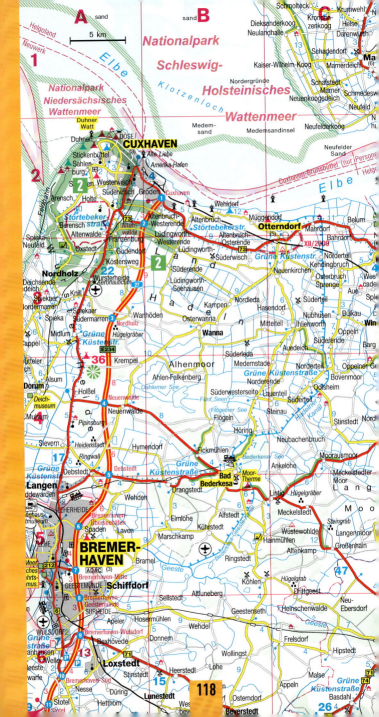

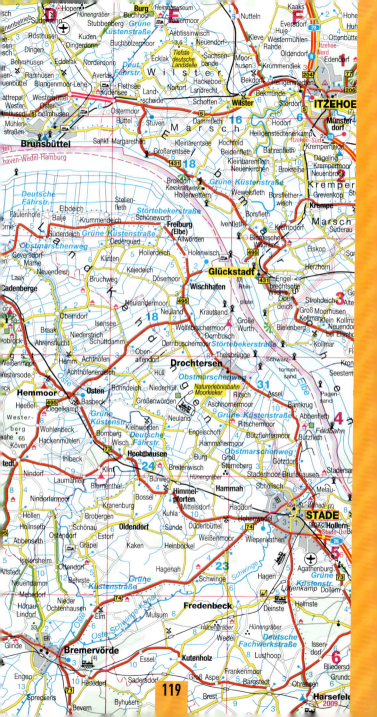

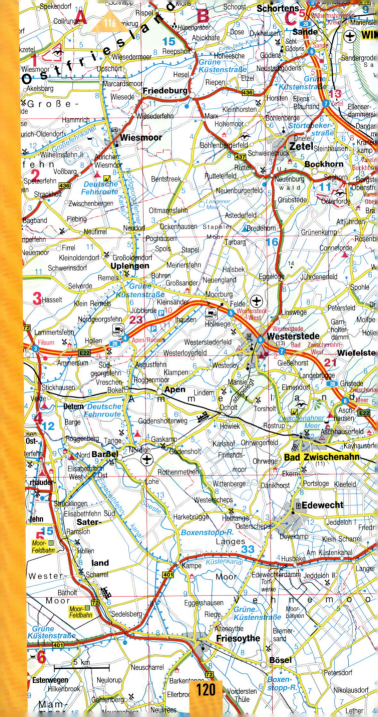

KARTENLEGENDE

Autobahn mit Anschlussstelle und Anschlussnummer		Motorway with junction and junction number
Autobahn in Bau mit voraussichtlichem Fertigstellungsdatum		Motorway under construction with expected date of opening
Rasthaus mit Übernachtung · Raststätte		Hotel, motel · Restaurant
Kiosk · Tankstelle		Snackbar · Filling-station
Autohof · Parkplatz mit WC		Truckstop · Parking place with WC
Autobahn-Gebührenstelle		Toll station
Autobahnähnliche Schnellstraße		Dual carriageway with motorway characteristics
Fernverkehrsstraße		Trunk road
Verbindungsstraße		Main road
Nebenstraßen		Secondary roads
Fahrweg · Fußweg		Carriageway · Footpath
Gebührenpflichtige Straße		Toll road
Straße für Kraftfahrzeuge gesperrt		Road closed for motor vehicles
Straße für Wohnanhänger gesperrt		Road closed for caravans
Straße für Wohnanhänger nicht empfehlenswert		Road not recommended for caravans
Autofähre · Autozug-Terminal		Car ferry · Autorail station
Hauptbahn · Bahnhof · Tunnel		Main line railway · Station · Tunnel
Besonders sehenswertes kulturelles Objekt	Neuschwanstein	Cultural site of particular interest
Besonders sehenswertes landschaftliches Objekt	Breitachklamm	Landscape of particular interest
Ausflüge & Touren		Excursions & Tours
Landschaftlich schöne Strecke		Route with beautiful scenery
Touristenstraße	Hanse-Route	Tourist route
Museumseisenbahn		Tourist train
Kirche, Kapelle · Kirchenruine		Church, chapel · Church ruin
Kloster · Klosterruine		Monastery · Monastery ruin
Schloss, Burg · Burgruine		Palace, castle · Castle ruin
Turm · Funk-, Fernsehturm		Tower · Radio or TV tower
Leuchtturm · Windmühle		Lighthouse · Windmill
Denkmal · Soldatenfriedhof		Monument · Military cemetery
Ruine, frühgeschichtliche Stätte · Höhle		Archaeological excavation, ruins · Cave
Hotel, Gasthaus, Berghütte · Heilbad		Hotel, inn, refuge · Spa
Campingplatz · Jugendherberge		Camping site · Youth hostel
Schwimmbad, Erlebnisbad, Strandbad · Golfplatz		Swimming pool, leisure pool, beach · Golf-course
Botanischer Garten, sehenswerter Park · Zoologischer Garten		Botanical gardens, interesting park · Zoological garden
Bedeutendes Bauwerk · Bedeutendes Areal		Important building · Important area
Verkehrsflughafen · Regionalflughafen		Airport · Regional airport
Flugplatz · Segelflugplatz		Airfield · Gliding site
Boots- und Jachthafen		Marina

anzeige

über den daten-
highway zu mehr
spaß auf allen
anderen straßen:

kein urlaub ohne
holiday
autos

15 euro rabatt
sichern! sms
mit **HOLIDAY**
an **83111***
(49 cent/sms)

so einfach geht´s:
senden sie das wort **HOLIDAY** per sms an die nummer **83111***
(49 cent/sms) und wir schicken ihnen ihren rabatt-code per sms zurück.
mit diesem code erhalten sie 15 euro preisnachlass auf ihre nächste
mietwagenbuchung! einzulösen ganz einfach in reisebüros, unter der
hotline 0180 5 17 91 91 (14 cent/min) oder unter www.holidayautos.de
(mindestalter des mietwagenbuchers: in der regel 21 jahre). der code ist
gültig für buchung und mietbeginn bis 31.12.2010 für eine mindest-
mietdauer von 5 tagen. der rabattcode kann pro mobilfunknummer nur
einmal angefordert werden. dieses angebot ist gültig für alle zielgebiete
aus dem programm von holiday autos nach verfügbarkeit.

*vodafone-kunden: 12 cent vodafone-leistung + 37 cent zusatzentgelt des anbieters.
teilnahme nur mit deutscher sim-karte möglich.

REGISTER

Im Register sind alle in diesem Reiseführer erwähnten Orte und Ausflugsziele verzeichnet. Halbfette Seitenzahlen verweisen auf den Haupteintrag, kursive auf ein Foto.

Altenbruch 23
Altenwalde 97
Amrum 62
Apen 13
Aurich 23, **31ff.**, 51, 101, 106
Bagband 14
Baltrum **43**, 103
Bensersiel **48ff.**, 52, 103, 106,
Berensch 96
Berum 57f.
Blexen **64**, 111
Borkum 21, **47f.**, 51, 109
Bremen 27, 31, 111
Bremerhaven 9, 15, 83, 62, **76ff.**, 107f., 110f.
Butjadingen 8, 11, **60ff.**, 70, 106f.
Campen 55
Cappel-Neufeld 87, 109
Carolinensiel 9, 23, **35ff.**
Cuxhaven 8f., 22f., 28, 76, **83ff.**, 96, 103, 107ff., 111
Dangast 75, 103, *111*
Dornum **40ff.**, 59
Dornumersiel **40ff.**, 103
Dorum 29, **82**, 111
Dorumer Neufeld 82
Duhnen *6/7*, 83, 86, 96, 103, 109
Düne (Insel) 88, **93**, 128
Eckwarderhörne **61f.**, 111
Eilsum 96

Elisabeth-Außengroden 36
Emden 9, 15, 22f., 34, **43ff.**, 48, 86, 108, 110f.
Esens 10, 13, 22, 28, **48ff.**, 111
Ewiges Meer 34
Fedderwardersiel 9, **62f.**
FFN-Nordseelagune 64
Friesenkamp 105
Friesoythe 12
Greetsiel 9, *11*, 14, 23, 28, **52ff.**, 94f.
Hammersee 58
Harlesiel **35ff.**, 39, 103
Helgoland 18, 22, 83, **88ff.**, 109f., 128
Hohenkirchen 67
Hooksiel 9, 29, *60/61*, **64ff.**, 100, 103, 107, 109
Hooksmeer 64
Horumersiel-Schillig 67, 109
Idafehn 13
Ihlow 34
Ihlowerfehn 23
Ihlow-Ostersander 15
Jaderberg 107
Jade-Weser-Port 71f.
Jennelt 96
Jever 10f., 27ff., 60, **67ff.**, 111
Juist 51, **58**
Krummhörn 52, 55, 94
Krüss, James 91
Langeoog **51f.**, 103

Leer 23, 28, **48**, *49*, 111
Leyhörn 53
Loog 58
Lüdingworth 12, 96f.
Marienhafe 28, 59, 111
Moordorf 34 34
Moorseer Mühle 64
Nationalpark Niedersächsisches Wattenmeer 19, 73, 128
Neßmersiel **43**, 103
Neuharlingersiel 23, **38f.**
Neuwerk **86f.**, 96, 103
Norddeich 14, 23, 28, **55ff.**, 86, 103, 106, 111
Norden 11, **55ff.**, 59, 98, 111
Nordenham 64
Norderney 51, **59**, 103, 109
Nordholz **87**, 96f., 111
Nordholz-Spieka 110
Oldenburg 111
Ostfriesische Inseln 8, 31, 39, 43, 47, 58, 128
Ostland 47
Oxstedt 97, 101
Pewsum 14, 95
Pilsum 75, 94
Raher Schleuse 34
Rastede 13
Remels 14
Rodenkirchen 64
Ruhwarden 64
Rysum 21, 55

> *www.marcopolo.de/ostfriesland*

IMPRESSUM

Sahlenburg 83, 86, 96
Sande 12, 111
Spieka-Neufeld 87
Spiekeroog *38*, **39**, 103
Stickenbüttel 97
Tossens 23, 64, 103
Upstalsboom 11, **34f.**

Uttum 96
Varel 14
Visquard 95
Wangerooge 39
Werdum 14, **40**, 105f.
Wernerwald 96
Westeraccum 43 f

Westeraccumersiel 41
Wiesens 34
Wilhelmshaven 8f., 15, 19, 22, 58, 60, **70ff.**, 101, 107ff.
Wittmund 11, 35, **40**, 111
Wremen **83**, 111

SCHREIBEN SIE UNS!

Liebe Leserin, lieber Leser,

wir setzen alles daran, Ihnen möglichst aktuelle Informationen mit auf die Reise zu geben. Dennoch schleichen sich manchmal Fehler ein – trotz gründlicher Recherche unserer Autoren/innen. Sie haben sicherlich Verständnis, dass der Verlag dafür keine Haftung übernehmen kann.

Wir freuen uns aber, wenn Sie uns schreiben.

Senden Sie Ihre Post an die
MARCO POLO Redaktion,
MAIRDUMONT, Postfach 31 51,
73751 Ostfildern,
info@marcopolo.de

IMPRESSUM

Titelbild: Stranddünen mit Gras (Look: Wothe)
Fotos: Beachclub Nethen: P. Müller-Haye (13 o.); K. Bötig (127); Diekster Bräu (14 u.); W. Dieterich (U. l., U. M., U. r., 2 r., 3 l., 3 M., 4 l., 4 r., 6/7, 19, 20, 22/23, 23, 24/25, 27, 29, 32, 36, 41, 42, 52, 53, 62, 65, 66, 71, 74, 76/77, 78, 87, 100/101, 102, 111); © fotolia.com: Steffen Geiger (98 M. l.), Uschi Hering (98 M. r.), ewa kubicka (99 M. r.), philpictore (14 o.), Bernd S. (14 M.), spot-shot (99 o. l.); Dmitri Strakhov (99 u. r.); Friesentherme Emden: Werbeagentur Schneider (99 M. l.); HB Verlag (3 r., 90), M.-O. Schulz (22, 28, 28/29, 56); O. Heinze (2 l., 5, 16/17, 26, 30/31, 34, 38, 49, 54, 64, 72, 93, 94/95, 97, 106, 112/113); Huber: Gräfenhain (82, 88/89); © iStockphoto.com: Dainis Derics (15 o.); Janssens Tanzpalast: Eric Janßen (12 u.); Jazz Pistols: Gerhard Kopatz (15 u.); Detlef Kiesé (13 u.); T. Krüger (8/9, 50, 60/61, 68); Kunsthalle Emden (98 o. l.); Laif: Tjaden (80/81); Look: Wothe (1); Mauritius: Lehner (59), Mollenhauer (84); A. M. Mosler (47); Ostfriesisches Teemuseum (98 u. r.); S. Randebrock (104/105); T. Stankiewicz (11, 45); Ingo Walter (12 o.)

6., aktualisierte Auflage 2008

© MAIRDUMONT GmbH & Co. KG, Ostfildern
Verlegerin: Stephanie Mair-Huydts; Chefredaktion: Michaela Lienemann, Marion Zorn
Autor: Klaus Bötig; Redaktion: Jens Bey
Programmbetreuung: Cornelia Bernhart
Bildredaktion: Gabriele Forst, Silwen Randebrock
Szene/24h: wunder media, München; Kartografie Reiseatlas: © MAIRDUMONT, Ostfildern
Innengestaltung: Zum goldenen Hirschen, Hamburg; Titel/S. 1–3: Factor Product, München
Sprachführer: in Zusammenarbeit mit Ernst Klett Sprachen GmbH, Stuttgart, Redaktion PONS Wörterbücher
Das Werk einschließlich aller seiner Teile ist urheberrechtlich geschützt. Jede urheberrechtsrelevante Verwertung ist ohne Zustimmung des Verlages unzulässig und strafbar. Das gilt insbesondere für Vervielfältigungen, Übersetzungen, Nachahmungen, Mikroverfilmungen und die Einspeicherung und Verarbeitung in elektronischen Systemen.
Printed in Germany. Gedruckt auf 100% chlorfrei gebleichtem Papier

FÜR IHRE NÄCHSTE REISE

gibt es folgende MARCO POLO Titel:

DEUTSCHLAND
Allgäu
Amrum/Föhr
Bayerischer Wald
Berlin
Bodensee
Chiemgau/Berchtes-
gadener Land
Dresden/Sächsische
Schweiz
Düsseldorf
Eifel
Erzgebirge/Vogtland
Franken
Frankfurt
Hamburg
Harz
Heidelberg
Köln
Lausitz/Spreewald/
Zittauer Gebirge
Leipzig
Lüneburger Heide/
Wendland
Mark Brandenburg
Mecklenburgische
Seenplatte
Mosel
München
Nordseeküste
Schleswig-
Holstein
Oberbayern
Ostfriesische Inseln
Ostfriesland/
Nordseeküste
Niedersachsen/
Helgoland
Ostseeküste
Mecklenburg-
Vorpommern
Ostseeküste
Schleswig-
Holstein
Pfalz
Potsdam
Rheingau/
Wiesbaden
Rügen/Hiddensee/
Stralsund
Ruhrgebiet
Schwäbische Alb
Schwarzwald
Stuttgart
Sylt
Thüringen
Usedom
Weimar

ÖSTERREICH | SCHWEIZ
Berner Oberland/
Bern
Kärnten
Österreich
Salzburger Land
Schweiz
Tessin
Tirol
Wien
Zürich

FRANKREICH
Bretagne
Burgund
Côte d'Azur/
Monaco
Elsass
Frankreich
Französische
Atlantikküste
Korsika
Languedoc-
Roussillon
Loire-Tal
Normandie
Paris
Provence

ITALIEN | MALTA
Apulien
Capri
Dolomiten
Elba/Toskanischer
Archipel
Emilia-Romagna
Florenz
Gardasee
Golf von Neapel
Ischia
Italien
Italienische Adria
Italien Nord
Italien Süd
Kalabrien
Ligurien/
Cinque Terre
Mailand/Lombardei
Malta/Gozo
Oberital. Seen
Piemont/Turin
Rom
Sardinien
Sizilien/
Liparische Inseln
Südtirol
Toskana
Umbrien
Venedig
Venetien/Friaul

SPANIEN | PORTUGAL
Algarve
Andalusien
Barcelona
Baskenland/Bilbao
Costa Blanca
Costa Brava
Costa del Sol/
Granada
Fuerteventura
Gran Canaria
Ibiza/Formentera
Jakobsweg/Spanien
La Gomera/El Hierro
Lanzarote
La Palma
Lissabon
Madeira
Madrid
Mallorca
Menorca
Portugal
Spanien
Teneriffa

NORDEUROPA
Bornholm
Dänemark
Finnland
Island
Kopenhagen
Norwegen
Schweden
Südschweden/
Stockholm

WESTEUROPA | BENELUX
Amsterdam
Brüssel
Dublin
England
Flandern
Irland
Kanalinseln
London
Luxemburg
Niederlande
Niederländische
Küste
Schottland
Südengland

OSTEUROPA
Baltikum
Budapest
Estland
Kaliningrader
Gebiet
Lettland
Litauen/Kurische
Nehrung
Masurische Seen
Moskau
Plattensee
Polen
Polnische Ostsee-
küste/Danzig
Prag
Riesengebirge
Russland
Slowakei
St. Petersburg
Tschechien
Ungarn
Warschau

SÜDOSTEUROPA
Bulgarien
Bulgarische
Schwarzmeerküste
Kroatische Küste/
Dalmatien
Kroatische Küste/
Istrien/Kvarner
Montenegro
Rumänien
Slowenien

GRIECHENLAND | TÜRKEI | ZYPERN
Athen
Chalkidiki
Griechenland
Festland
Griechische
Inseln/Ägäis
Istanbul
Korfu
Kos
Kreta
Peloponnes
Rhodos
Samos
Santorin
Türkei
Türkische Südküste
Türkische Westküste
Zakinthos
Zypern

NORDAMERIKA
Alaska
Chicago und
die Großen Seen
Florida
Hawaii
Kalifornien
Kanada
Kanada Ost
Kanada West
Las Vegas
Los Angeles
New York
San Francisco
USA
USA Neuengland/
Long Island
USA Ost
USA Südstaaten/
New Orleans
USA Südwest
USA West
Washington D.C.

MITTEL- UND SÜDAMERIKA
Argentinien
Brasilien
Chile
Costa Rica
Dominikanische
Republik
Jamaika
Karibik/
Große Antillen
Karibik/
Kleine Antillen
Kuba
Mexiko
Peru/Bolivien
Venezuela
Yucatán

AFRIKA | VORDERER ORIENT
Ägypten
Djerba/
Südtunesien
Dubai/Vereinigte
Arabische Emirate
Israel
Jerusalem
Jordanien
Kapstadt/
Wine Lands/
Garden Route
Kenia
Marokko
Namibia
Qatar/Bahrain/
Kuwait
Rotes Meer/Sinai
Südafrika
Tunesien

ASIEN
Bali/Lombok
Bangkok
China
Hongkong/
Macau
Indien
Japan
Ko Samui/
Ko Phangan
Malaysia
Nepal
Peking
Philippinen
Phuket
Rajasthan
Shanghai
Singapur
Sri Lanka
Thailand
Tokio
Vietnam

INDISCHER OZEAN | PAZIFIK
Australien
Malediven
Mauritius
Neuseeland
Seychellen
Südsee

> UNSER INSIDER
MARCO POLO Autor Klaus Bötig im Interview

Klaus Bötig lebt in Bremen und hat damit die niedersächsische Nordseeküste vor der Haustür. Klar, dass er dort viel Zeit verbringt.

Was verbindet Sie mit Ostfriesland?

Schon als kleines Kind war ich oft bei Verwandten an der Nordseeküste. Meine Mutter stammt aus Jever, also fließt in meinen Adern auch ostfriesisches Blut. Meinen Vater hat sie in Wilhelmshaven kennen gelernt, als er bei der Marine war. Das verbindet mit dem Meer.

Was reizt Sie an Ostfriesland?

Ich liebe die Menschen dort, den weiten Himmel, das Land hinter und das Meer vor den Deichen. Spannend sind aber auch die Hafenstädte, von den kleinen Sielhäfen wie Greetsiel und Carolinensiel bis hin zu den großen Handels-, Marine- und Fischereihäfen Emden, Wilhelmshaven, Bremerhaven und Cuxhaven. Eine Wattwanderung vom Festland zu einer Insel macht mir viel mehr Spaß als jede Bergbesteigung – und für ausgedehnte Fahrradtouren ist das Land zwischen Elbe und Ems geradezu ideal.

Und was gefällt Ihnen nicht so sehr?

Dass man im Sommer fürs Betreten vieler Strände eine Gebühr bezahlen muss, dass viele Wirte Babyschollen und andere Jungfische servieren und dass in vielen Lokalen die Küche viel zu früh schließt.

Kommen Sie viel in Ostfriesland herum?

Jeden Ort, der in diesem Marco Polo beschrieben ist, besuche ich mindestens zweimal im Jahr. An warmen Tagen fahre ich von Bremen aus auch einfach mal an einen der tollen Sandstrände von Cuxhaven, Wilhelmshaven oder Schillig-Horumersiel – und auch die Theater und Museen der Region locken mich des Öfteren dorthin.

Wo und wie leben Sie genau?

Als Reisejournalist sind neben der niedersächsischen Nordseeküste, Ostfriesland und Lüneburger Heide Griechenland, Zypern und Malta meine Spezialgebiete. Dort bin ich jedes Jahr etwa sechs Monate lang unterwegs. Außer Reiseführern schreibe ich Beiträge für touristische Fachzeitschriften, Magazine und Tageszeitungen. Außerdem blogge ich fast täglich bei *www.artestravel.de*. Das alles als Freiberufler – mein Leben lang.

Mögen Sie die norddeutsche Küche?

Fisch steht bei uns mindestens zweimal wöchentlich auf dem häuslichen Speiseplan. Von Grünkohl bekomme ich nie genug, ebenso von den ostfriesischen Torten, zusammen mit einem Pharisäer oder Ostfriesentee. Für ostfriesisches Deichlamm lasse ich jedes griechische Lamm gern am Leben.

> BLOSS NICHT!

Tipps, die der Natur helfen und Sie vor negativen Erfahrungen an der Küste bewahren

Dünenschutz missachten

Die Dünen auf den Ostfriesischen Inseln bilden eine Art natürlichen Deich gegen Erosion durch Wind und Wasser, solange ihre Pflanzendecke intakt ist. Es ist deswegen verboten, die Dünen abseits der ausgewiesenen Wege zu betreten und in den Dünen zu lagern oder zu rauchen.

Im Fischgeschäft bereits geschälten Granat kaufen

In Restaurants kommen Sie kaum umhin, gepulten Granat zu bestellen. Im Fischgeschäft aber sollten Sie ungeschälten Granat vorziehen. Nur dann können Sie sicher sein, dass er nicht schon eine lange Reise zum Schälen in Polen oder Nordafrika hinter sich hat. In jedem Fischgeschäft zeigt man Ihnen, wie die kleinen Krabben im Handumdrehen speisefertig werden.

Möwen füttern

Möwen machen anderen Vögeln den Lebensraum streitig und gefährden ihre Brut. Sie sollten deshalb nicht durch Füttern zu ihrer Vermehrung beitragen.

Schutzzonen ignorieren

Im gesamten Nationalpark Niedersächsisches Wattenmeer gibt es drei Zonen von unterschiedlicher Schutzintensität. Die Ruhezone darf das ganze Jahr hindurch ausschließlich auf den ausgewiesenen Wegen betreten werden. Für die Zwischenzone gilt diese Vorschrift meist von April bis Juli; die örtlichen Behörden können weitere Verbote aussprechen. Hunde müssen in diesen beiden Zonen an der Leine geführt werden. Pflanzen zu pflücken ist im gesamten Nationalpark verboten. Die Natur hat überall Vorrang vor dem Menschen; nur in der Erholungszone, die normalerweise die Orte und Badestrände umfasst, wird rein touristischen Interessen stärker Rechnung getragen. Genaue Karten mit den unterschiedlichen Zonen sind in allen Nationalparkhäusern und bei den Touristeninformationen kostenlos erhältlich.

Seehunden zu nahe kommen

Von Seehunden sollten Sie generell mindestens 500 m Abstand halten – außer auf der Düne von Helgoland, wo die Tiere die Nähe von Menschen gewohnt sind. Manchmal findet man einen scheinbar von den Eltern verlassenen oder kranken Heuler am Strand. Man sollte ihn auf keinen Fall berühren, sondern die Kurverwaltung oder einen Vertreter des Nationalparks informieren.

Außendeichs parken

Es gibt an Ostfrieslands Küsten insbesondere in Hafennähe auch Parkplätze auf der Meerseite des Deichs. Zwischen Herbst und Frühjahr sollte man dort seinen Wagen aber nie über Nacht parken und im Sommer nie für mehrere Tage. Sonst verschlingt ihn bei entsprechender Wetterlage der „Blanke Hans".